讲台上方的星空

周春梅 著

中国人民大学出版社
·北京·

图书在版编目（CIP）数据

讲台上方的星空 / 周春梅著. —北京：中国人民大学出版社，2019.11

ISBN 978-7-300-27526-0

Ⅰ.①讲… Ⅱ.①周… Ⅲ.①语文课—教学研究—中小学 Ⅳ.①G633.302

中国版本图书馆 CIP 数据核字（2019）第 225810 号

讲台上方的星空

周春梅　著

Jiangtai Shangfang de Xingkong

出版发行	中国人民大学出版社		
社　　址	北京中关村大街 31 号	邮政编码	100080
电　　话	010－62511242（总编室）		010－62511770（质管部）
	010－82501766（邮购部）		010－62514148（门市部）
	010－62515195（发行公司）		010－62515275（盗版举报）
网　　址	http://www.crup.com.cn		
经　　销	新华书店		
印　　刷	北京东君印刷有限公司		
规　　格	168 mm × 239 mm　16 开本	版　　次	2019 年 11 月第 1 版
印　　张	12.5　插页1	印　　次	2019 年 11 月第 1 次印刷
字　　数	170 000	定　　价	49.80 元

目 CONTENTS 录

辑三　另一种真实

辑四　有你的信

序

/ 林贤治 /

十年前，我为周春梅编辑出版了她的第一本集子：《把自己和书关起来》。

这是一本读书随笔集。不同于一般书评和书话的是，书中介绍的都是感动过她，且能引发她思考的名著。这些名著，由不同身份的人物书写，其中有革命家、异议者、流亡者和囚徒，当然还有职业写作者。他们的灵魂，或伟美，或阴郁，或孤独柔弱，一例有着质地的闪光。对于这些有灵魂的书，作者摩挲细读，以富有温度和亮度的诗性语言，透达内涵的丰美。

出书前后，周春梅还曾寄来一些诗和散文，使我对她的文学才能充满期待。可是，此后数年，很少见到她的创作，包括笔记类的文字。她解释说，她已沉没在教学中，无暇他顾。

又数年，我收到她寄赠的另一本集子，内容是教师生涯的记录，接着看了她的一个语文教学视频。她对学生的热爱使我深受感动，正是这份热爱，使教育成了她的志业。教学中，她尽可能地给予，给予知识和热量，用心点燃心，用灵魂唤醒灵魂。她说："我真切地感受到做教师的幸福。"我不禁感叹：这是一个为做教师而生的人！

如果对象是人，教学和创作就有了根本的一致性。对于周春梅全身心地投入教学，交谈中，我表示理解，赞同她的价值取向。不过，为此而放弃创作，坦率地说，我心里多少替她感到惋惜。直到接获新的书稿，我才知道，爱与美已然成为她的宗教，她不会轻易放弃对文学的信守。

从《把自己和书关起来》到《讲台上方的星空》，周春梅成功地做了一次文学大转移。我欣喜地发现，周春梅从“一间自己的屋子”走出来以后，围绕着她的，依然是那些名著，那些闪光的灵魂。不同的只是，文学于她并非孤立的审美对象，而是和教育紧密地结合到了一起。在这里，不是只有她一个人在发现，在创造；由于她的“点燃和唤醒”，已有众多年轻的灵魂在一起翔舞，一起加入青春与梦想的追寻之中。

如今，她写的是一部教育诗。

作为一名语文教师，周春梅由来重视文学与语文教学的特殊关系。在应试教育的现实条件下，着眼于学生素质的教学实验无疑具有某种挑战性。于是，在周春梅那里，我们可以发现许多在别的教师那里看不到的域外资源。从渊深的陀思妥耶夫斯基到奇诡的博尔赫斯，从讽喻的奥威尔到公开反叛的米沃什，从优雅的吴尔夫到忧郁的帕慕克，到黑暗中多方窥伺的奥兹……她除了介绍大量近现代的作家作品之外，还向学生讲及萨义德的“东方主义”等许多具有“深度和重量”的思想观念。显然，她不忘给出一种方向性提示，免使学生在爱与美的陶冶中迷失。

语文教学，要而言之，就是读和写。看来，周春梅特别重视读，以阅读推进写作。书中，阅读诗歌占有特别重要的位置。或许，这同她对诗歌作为一种文体的认识有关，也同她个人的写作经验有关。她推崇西方现代诗，强调诗歌的“无用之用”。她向学生演示，以原作比较，拿译诗比较，还让学生直接进行诗歌写作训练。德国哲学家谢林说：“不管是在人类的开端还是在人类的目的地，诗歌都是人类的女教师。”周春梅成了双重的“女教师”。在讲台上，她通过诗歌，向学生演绎语言的形式美，演绎人所应有的精神性和人文性，引导他们把诗歌当作一种“不可或缺的生活方式”，当作生命的一部分，用诗歌的力量抵制和改造“琐碎虚浮的现实”。

书中多次提到茨威格关于陀思妥耶夫斯基的说法——“一和万有”。在周春梅那里，显然有一个前置的理想的世界，那就是：知识是系统的，而人是完整的。她由一首诗，引出电影，引出绘画，引出歌曲，引出《红楼梦》和鲁迅小说《白光》，引出杜甫的《兵车行》，甚至联系到钱穆的《中国历代政治得失》；她在《简·爱》的延伸阅读中，一连带出十多部书和一部电影；从聂鲁达的《疑问集》出发，她不断发掘问题，让学生索解、质疑、交流和补充。她尊重学生，致力于学生的主体性建设，道路是：从一部作品走向另一部作品，从一个主题走向另一个主题，从而不断扩大，形成一个完全属于个人的阅读体系和精神谱系。

置身于三尺讲台，周春梅使教室变得如此宽广。就在这个充满青春气息的空间里，一批又一批学生跟随着她，拾掇散落的星星的碎片，拼贴各自的星图。她无时不意识到，讲台之上，悬置着一个辉煌的穹顶。那里，人类的群星闪耀，正是那穿越千百年的星芒，魅惑着、鼓舞着她和她的学生，日复一日，向无限延伸的更高更远处飞升。

周春梅希望我为她的新书作序，便写下介绍文字如上；并趁此机会，向这位忠实而热情的诗人女教师遥致敬意。

辑一

以诗为琴与灯

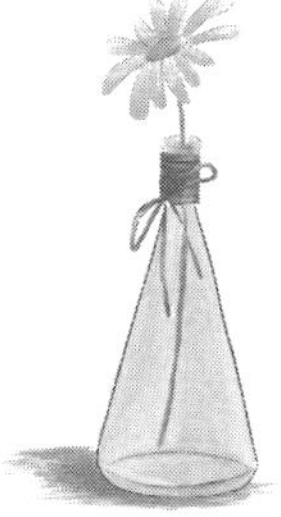

在黑暗中并肩行走
——以诗为琴与灯

“在黑暗中并肩行走”

雅斯贝尔斯在《什么是教育》中曾这样区分精神贵族与精神附庸：“前者会昼夜不停地思考并为此形销体瘦，后者则要求工作与自由时间分开；前者敢冒险，静听内心细微的声音，并随着它的引导走自己的路，而后者则要别人引导，要别人为他订下学习计划；前者有勇气正视失败，而后者则要求在他努力之后就有成功的保证。”

我引用这段话，绝非以精神贵族自居自傲。在第一组区分中，我应该属于前者。但我羡慕能将工作与生活分开的人，他们专注工作，也享受生活。对我来说，昼夜不停地思考，可能是全心投入的热情，也可能是无法自控的沉迷，甚至还可能是迷途已远的谬误。如果我们不注意生活与思考的平衡，视形而上的思考高于芜杂而生机勃勃的生活本身，就很可能落到罔且殆的可悲境地。后两组区分对我的意义则是提醒：聆听自己和学生内心细微的声音，战战兢兢，如临深渊，如履薄冰，摸索前行。

长久的努力之后，我能稍有进步吗？我不知道。我只知道，我在路上。离开了这条路，我将迷失而无所归。并非路需要我，而是我需要路。

这条路看似冷清，其实同路人颇多。如果我足够沉静、足够虔诚，就能看见他们，或被他们看见：与学生、师长、朋友，“在黑暗中并肩行走”。

在这样的行走中，诗歌对我而言，有其特殊的意义。

“只需要一株苜蓿”

我羡慕如诗人辛波斯卡一般能读懂“万物静默如谜”的幸运者。鸟语水声，在他们那里，绝不寻常——“间关莺语花底滑，幽咽泉流冰下难”。这些幸运者不需远行，只借助敏锐的感知力和丰盈的想象力，便可拥有一个如此辽阔深邃、生机勃勃的天地。

要造就一片草原①

狄金森

要造就一片草原，
只需要一株苜蓿，
一只蜂，
一株苜蓿，
一只蜂，
再加上白日梦。

有白日梦也就够了，
如果找不到蜂。

诗人是宇宙的琴弦。平庸如我，需借助这根琴弦，去聆听身边

① 狄金森. 狄金森诗选 [M]. 江枫，译. 北京：中央编译出版社，2003：231.

风景中的“诗和远方”。时间久了，我们或许也可习得一点欣赏甚至创造诗意的能力，唤醒与擦亮那些原本敏感的诗心与童心。孩子们大多具有敏感的诗心，那诗心往往因世俗功利的现实世界、成人世界而蒙尘，如果我们能用洁净美好的诗歌荡涤“物之汶汶”，他们的世界即可恢复“皓皓之白”。拥有皎洁的心灵，加上习得的敏锐的感知力与丰盈的想象力，我们即可听懂“泉水激石，泠泠作响；好鸟相鸣，嘤嘤成韵”。

夏日草叶上的露珠晶莹剔透，美于一切宝石。我会与学生分享早逝的芬兰女诗人索德格朗的《星星》[①]：

> 当夜色降临
> 我站在台阶上倾听；
> 星星蜂拥在花园里
> 而我站在黑暗中。
> 听，一颗星星落地作响！
> 你别赤脚在这草地上散步，
> 我的花园到处是星星的碎片。

与成年人一样，孩子们也往往难以直面过去，悦纳自己，并因此焦虑、痛苦。我与他们共读米沃什的诗篇[②]：

> 如此幸福的一天
> 雾一早就散了，我在花园里干活
> 蜂鸟停在忍冬花上

---

① 索德格朗，等. 北欧现代诗选 [M]. 北岛，译. 重庆：重庆大学出版社，2013：172.

② 果麦. 给孩子读诗 [M]. 杭州：浙江文艺出版社，2016：12.

这世上没有一样东西我想占有
我知道没有一个人值得我羡慕
任何我曾遭受的不幸，我都已忘记

想到故我今我同为一人并不使我难为情
在我身上没有痛苦
直起腰来，我望见蓝色的大海和帆影

（西川 译）

我隐去标题，请学生自拟标题。学生拟的标题有“幸福”“平静”“如此幸福的一天”“蓝色的大海和帆影”“我”“望见”等，大多取自原诗，又各有意趣。我告诉他们原题——“礼物”，并解释说大概上天赐予我们的最好的礼物，就是同学们的标题中所蕴含的“幸福的一天”“平静的心境”“美丽的风景”“望见的能力”，由这些所组成的“我”以及“我”的平淡日子等。这首诗的末句平和悠远，我一直觉得它与我国田园诗中大家熟知的一句诗很相似，借此问问学生，看是否心有灵犀一点通。学生反应很快，猜是“采菊东篱下，悠然见南山”。时空相隔甚远的诗人，所悟得的人生真意，大概是相近相通的。

有学生在随笔里告诉我：她有个胖乎乎的小表弟，原本活泼可爱，这两年却因学业的压力、父母的焦虑渐失笑颜，她同情表弟，却无计可施。我抄录美国自白派女诗人西尔维亚·普拉斯的《小孩》[①]给她：

你清澈的眼睛是绝美之物。

① 果麦. 给孩子读诗 [M]. 杭州：浙江文艺出版社，2016：52.

我想让它装满色彩和鸭子，
物物新奇的动物园

你不停思索它们的名字——
四月的雪铃花，水晶兰，

无皱纹的
小叶柄，
倒影理当
华美典雅的水塘，

而非这因苦恼而
拧绞的双手，这暗
无星光的天花板。

（陈黎 译）

我建议她买一本收录了这首诗的诗集《给孩子读诗》送给小表弟，跟他一起读诗，体会诗人点石成金的奇思妙想：诗人用“无皱纹”去描述小叶柄，引读者想象其光滑、圆润、青翠；平常的半亩方塘，如果我们以虔敬之心驻足观看，会发现它徘徊着天光云影，有大美而不言，如此“华美典雅”。这些，都是上天送给孩子清澈眼睛的礼物。无趣的大人用天花板与墙壁隔绝色彩和星光，诗人却有能力借诗歌的神力、语言的枝杈戳破那厚障壁，“透出天外的光亮”，让孩子们望见“月亮和星星”（顾城《星月的来由》）。这本诗集为每首诗配了富有童趣的插画，有些插画的内容与风格出人意料，似离原诗颇远，但细想一下，又自有与该诗契合之处。这也增添了阅读的趣味性：诗歌的本质，其实也正是这样的“新鲜有趣”——原来还可以这样看，还可以这样想，还可以这样写，还可以这样画……

这样的诗读多了，这样的“新鲜有趣”积累多了，小表弟就能看见顾城笔下小花“金黄的微笑”，石块“善良的牙齿”，慢慢地，自己也能拥有“金黄的微笑”——那是欣赏美、创造美的能力，是任何人也剥夺不了、毁坏不了的童心与诗心。这种能力，固然有天赋的成分，也要靠后天的细心培植与呵护。费时不多，贵在用心与坚持：每天只需片刻，“一页跳跃着的诗行”，瞬间把我们带往远方。

“失去的艺术不难掌握”

在一个过分强调获得与成功的时代，学习一下“失去的艺术”，也许是更理性的准备。我和学生一起阅读美国女诗人伊丽莎白·毕肖普的《一种艺术》[1]：

失去的艺术不难掌握；
如此多的事物似乎都
有意消失，因此失去它们并非灾祸。

每天都失去一样东西。接受失去
房门钥匙的慌张，接受蹉跎而逝的光阴。
失去的艺术不难掌握。

于是练习失去得更快，更多：

① 毕肖普. 唯有孤独恒常如新：伊丽莎白·毕肖普诗选 [M]. 包慧怡，译. 长沙：湖南文艺出版社，2015：108-109.

地方、姓名，以及你计划去旅行的
目的地。失去这些不会带来灾祸。

我丢失了母亲的手表。看！我的三座
爱屋中的最后一座、倒数第二座不见了。
失去的艺术不难掌握。

我失去两座城，可爱的城。还有更大的
我拥有的某些领地、两条河、一片大洲。
我想念它们，但那并非灾祸。

我隐去了最后一个诗节，请学生续写。按原来诗歌的格律要求，结尾是一节四行诗，另外还需重复此句——“失去的艺术不难掌握”。

我把三位学生的续作抄录如下。

一

你渡过湍流又剪断桥索
在我光和影的交错里只留其一
然后在对岸对我说
失去的艺术不难掌握

二

我还丢失了一张，也许早已注定
会丢失的照片，其中的人还有笑窝，

拥着毛毯，炉火——而今已如灰烬般沉默，
假装失去的艺术不难掌握

三

清澈的水晶沉入海底
白鸥的羽翅褪去湛蓝
深邃的眼眸闭合
失去的艺术不难掌握

这三首续作的语言、意象、情感、主题都颇出色。在与之前诗节的契合度上，第二首要更好些。同学们认同度最高的则是第一首。而原诗由小及大，逐渐推进，其实都只是铺垫，最后以看似轻松的诗句，点出生命中最痛楚的“失去”是“失去你”。可注意其风格、语言等整体的和谐。

——即使失去你（戏谑的嗓音，我爱的
一种姿势）我不会撒谎。显然
失去的艺术不算太难掌握，
即使那看起来（写下来！）像一场灾祸。

这首经典诗作后来被广为引用。美国电影《依然爱丽丝》中，女主角爱丽丝患有阿尔兹海默症，她这样开始一次关于“阿尔兹海默症”的演讲：

诗人伊丽莎白·毕肖普曾写道：“失去的艺术不难掌握；/如此多的事物似乎都/有意消失，因此失去它们并非灾祸。”

我不是诗人，我只是一个患有早期阿尔兹海默症的普通人。正因为如此，我发现我每一天都在学习“失去”的艺术。失去了我的理智和方向，失去了物件，失去了睡眠。最重要的是失去了记忆。

在我的一生中，我积累了各种记忆，它们已经成为我最珍贵的财产：我遇见我丈夫的那一天，我第一次拿到我写的教科书的时候。我有了孩子，交了朋友，环游世界。

在我生活中积累的所有事物，我为之努力工作的所有事物，现在都被剥夺了。

你们可以想象？或者你们也曾经历过？这简直是地狱。

但情况还在变糟。我们早已不是原来的自己，谁还能认真地对待我们呢？

如何面对这种失去？电影中的女主人公学着接受，学着与之共生，学习“失去的艺术”。我告诉学生，面对自己生命中的“失去”，我的经验是尝试推敲语言从而准确地描述它。比如，我曾这样推敲一段话：“你离开以后，我在昏暗下来的世界里磕磕绊绊，踽踽独行。我小心翼翼地绕开你的名字，如同绕开一个……”这里要为“你的名字”所代表的过往寻找一个合适的喻体。可以是“一个久不愈合的伤口”，也可以加深痛苦的持久程度，“一个永不愈合的伤口”。如果改成“还在流血的伤口”，说明痛楚依然如锯齿般锐利；如果改成“还在流血流脓的伤口”，则暗示那痛楚中包含了某些卑鄙的伤害？前面那些比喻，痛苦虽深，但依然属于“审美”的范畴；“流脓”则不避丑陋，更加真实、复杂。如再改成“一个挖了填、填了挖、大口敞开的烂尾工程”，则社会批评和自嘲兼具，带上了些杂文风，跳脱出顾影自怜的低回，但跟之前的文风、主题似又有些背离。

我寻找的喻体本身不一定出彩；这样的推敲，或许是一种迷恋语言的职业病，甚至还带有些把玩痛苦的畸形心理。但推敲本身提高了我的语言能力，这种能力与我的工作状态、生活方式相匹配。另外，在这样的“描述”中，我必须像个旁观者一样，审视和界定自己生活中某些至关重要的东西，这多少使我获得了一点“局外人”的冷静心态和开阔视野，摆脱自怜情绪，避免陷入“幽闭”人生。

学生的续作里有一首与我的这些经验恰好相契：

失去的艺术不难掌握
一切都在失去，但有些东西
永远与你我相伴
一架琴，一支笔，一盏灯

“别指望还有他乡”

诗歌常遇偏见：风花雪月，无病呻吟，形式大于内容……即使是诗歌的爱好者，也难免将其狭隘化，认为诗歌只代表着远方和彼岸，象征着美、宁静和幸福，是映照现实的另一端。其实，诗歌的世界非常广阔，绝非只有这理想化和诗意化的一端。诗人们注视着复杂的世界，求索着深刻的哲思，以凝练和让人意想不到的形式、语言，记下他们对这个世界的独特观察与思考。

当人们沉浸于“诗和远方”的迷思时，我们可以引用兰波的名句“生活在别处”佐证之，也可以取其他视角反思之：海子的“远方除了遥远一无所有”指出了“远方”的虚无性；西川的“对于远方的人们，我们是远方”指出了“远方”的相对性。作为一个终身旅行者，毕肖普在《抵达圣图斯》[①]一诗中反思旅行者（其中也包含了诗人自己）不切实际的幻想——将旅行上升到对庸常生活的荡涤和升华，甚至自我拯救的高度，且如此急于求成：

你和你颐指气使的要求：要一个迥异的世界
一种更好的生活，还要求最终全然理解
这两者，并且是立刻理解
在长达十八天的悬空期后？

在另一首诗《旅行的问题》中，她犀利地批评了旅行者幼稚的冲动以及想象力的缺乏："是怎样的幼稚：只要体内一息尚存／我们便决心奔赴他乡／从地球另一头观看太阳？""可是缺乏想象力使我们来到／想象中的地方／而不是待在家中？"

在旅游渐成"刚需"的今日之中国，与将行万里路的少年讨论这些诗歌，借鉴诗人多重角度的反思，储备一个成熟旅行者所需的美感、视野与理性，是比种种旅行攻略更重要的"准备"与"学习"。小到一次出游，大到整个人生，收获之多少，最终往往取决于自己心灵的纯度、广度与深度，其间之差异，如林黛玉进贾府与刘姥姥逛大观园。

由于种种原因，出游毕竟不能成为大部分人的人生常态。也许我们更该学习的，是如何在此时此地生活。希腊诗人卡瓦菲冷峻地提醒我们："你将到达的永远是同一座城市，别指望还有他乡。"

① 毕肖普. 唯有孤独恒常如新：伊丽莎白·毕肖普诗选 [M]. 包慧怡，译. 长沙：湖南文艺出版社，2015：35-37.

城 市①

卡瓦菲

你说："我要去另一块土地，我将去另一片大海。
另一座城市，比这更好的城市，将被发现。
我的每一项努力都是对命运的谴责；
而我的心被埋葬了，像一具尸体。
在这座荒原上，我还要坚持多久？
无论我的脸朝向哪里，无论我的视线投向何方，
我在此看到的尽是我生命的黑色废墟。
多年以来，我在此毁灭自己，虚掷自己。"

你会发现没有新的土地，你会发现没有别的大海。
这城市将尾随着你，你游荡的街道
将一仍其旧，你老去，周围将是同样的邻居；
这些房屋也将一仍其旧，你将在其中白发丛生。
你将到达的永远是同一座城市，别指望还有他乡。
没有渡载你的船，没有供你行走的道路，
你既已毁掉你的生活，在这小小的角落，
你便已经毁掉了它，在整个世界。

（西川 译）

舍伍德·安德森的小说集《小城畸人》，描述了一群陷落在小城温士堡的畸人，叙事中饱含诗意。文静的艾丽斯·欣德曼是绸布庄的职员，在她平静的外表之下，"内心始终在不停地骚动"。她一厢情

① 蔡天新. 现代诗100首：蓝卷 [M]. 北京：生活·读书·新知三联书店，2005：18-19.

愿地等待着早已忘了她的初恋情人，孤独地过了很多年，最终“开始竭力强迫自己勇敢地面对这一事实：许多人必须孤寂地生和死，即使在温士堡，也是一样的”。整个小说想告诉我们的或许是：许多人必须孤寂地生和死，即使不在温士堡，也是一样的。那些满心浪漫遐想的人必须接受这样一个冷酷的事实：到处都一样无聊乏味，人们孤寂地生活，然后孤寂地死去。当年轻美丽的伊丽莎白·威拉德梦想着参加一个戏班漫游世界时，住在她父亲的旅馆中的戏班中人却告诉她：“不是那个样子的。就跟这里的事一样无聊和乏味。”

尤金·奥尼尔的名剧《天边外》，同样富有诗歌与哲学气质：农家孩子罗伯特总是向往着天边外的世界。在他的想象中，那是一个遥远、神秘、充满魅力的世界，他要在那广大的空间里自由地飞翔。可是天边外的世界究竟是什么样的呢？童年的罗伯特想象那里有无边的海，有漂亮的仙女——或许“天边外”正是这样一个虚无缥缈的幻梦。哥哥安朱却认为天边外的一切，他们的农场上全有。由于命运的捉弄，罗伯特留在了农场上和邻家姑娘露斯结婚，而同样爱着露斯的哥哥安朱却去了天边外。导致他们的命运发生重大转折的露斯，连同他们，都离自己的“天边外”越来越远。

或许正因为“天边外”的梦幻本质，它终究是不可抵达的。谁能真正抵达自己的梦呢？当你囿于现实时，它在不可及的高处飞扬；当你试图挣脱束缚接近它时，你会发现，无论你走得多远，它还在“天边外”。

最幸运的人，或许是那些固守一隅，却能让梦想飞扬的人。在某种意义上，安朱对罗伯特所说的完全正确：他要找的一切东西，在家乡，在农场上，在家里，都能找到。一个人如果不能从他身在的那个角落学会生活，寻找幸福和快乐，那么在其他任何地方，他都未必能构建新的生活，正如卡瓦菲的预言：“你既已毁掉你的生活，在这小小的角落，你便已经毁掉了它，在整个世界。”

有些作家属于那个幸运的群体。“你必须要有一个地方作为起点，然后你就可以开始学着写。”安德森这样鼓励威廉·福克纳。正是在安德森的建议下，福克纳以自己的家乡为原型，创作出了一系列不朽的“约克纳帕塔法世系”小说，其中最具代表性的是《喧哗与骚动》。以色列当代最重要的作家阿摩司·奥兹则这样写道：“舍伍德·安德森让我睁开双眼，描写周围发生的事。因他之故，我猛然意识到，写作的世界并非依赖米兰或伦敦，而是始终围绕着正在写作的那只手，这只手就在你写作的地方：你身在哪里，哪里就是世界的中心。”安德森使奥兹的“创作之手得到了自由”，奥兹宣称为此将永远感激安德森。

无论作家身处何地，只要他寻找到了这个起点，他就找到了世界。而我们这些凡俗之人则必须以自己脚下的土地作为起点，然后开始学着生活，无论这土地是乡村荒野，还是都市高楼上寂寞的一隅。

“她的眼睛是晴空的颜色”

高一升高二，学生因选科而重新组班。高一的最后一节语文课，多少带上了些离情别绪。虽然我们日后还能常常遇见，也许在新的班级，也许在校园的某个角落——樱花树下，睡莲池畔，或教学楼长长的走廊里；虽然真正的离别，尚在两年以后。

最后一节课，我对学生说“谢谢”，谢谢他们为我苍白虚无的生命带来了意义与价值感；也对他们说“对不起”，为我不经意间带给他们的伤害。我举了一个例子。比如，这次期末考试，有一个知识点只要正常复习就不会错，一位平素细心认真的女生却答错了。我当众指出，并非有意批评她，只是表示惊讶和困惑。她当时没说什么，课间我问她原因，她做了解释——原因并不重要，重要的是，我发现她非常在意此事，眼泪直在眼眶里打转。那一刻我意识到，教师不经意的一句批评或表扬，对学生来说，却可能产生深刻的影响。他越是尊重这位教师，影响就越久远：下一节课的情绪和学习状态，放学回家后对家人的态度，第二天会以期待还是忐忑甚至恐惧的心情走进教室……而我们却对此一无所知，只是苛责学生精神面貌不阳光，学习态度不积极。曾有心理学家指出，一个中年人的神经衰弱和失眠抑郁，很可能来自童年时某位教师粗暴的伤害。我以此为例向学生表达歉意，为那些有意或无意的伤害；同时也鼓励他们完善自我，建构强大的内心，告诉他们不必过于在意他人的看法。同伴的议论，师长的评价，QQ群，微信朋友圈……是他人的目光所构筑的牢笼，还是仅供参考的意见或建议？我们应当从容面对，逐渐学会取舍平衡。

课后，另一位女生给我写了一封信，谈及一个细节：

老师曾谈及一位遭遇重大挫折的学长，说您想安慰他，但不知道说什么好，只好尴尬地沉默。那位学长看出了您的为难，轻轻地抱了抱您，说："老师，没什么，我能挺过去的。"许多年过去，您依然记得那个轻轻的拥抱和那句轻柔却掷地有声的"没什么"。在多年后的课堂上，您向我们讲述这位善良而坚强的学长时，眼里依稀有泪光。大概是为了还原当时的情景，您轻轻地抱了抱正好坐在边上的我。不知为何，我非常激动，但强忍住了眼泪。我真想当时就站起来回抱一下老师（或者以后找机会），却终究由于羞涩，到现在都没有。

我说这个细节，是想告诉您，您有时可能会不经意地伤害了我们，并因此过分愧疚（其实大多是我们自己太脆弱），但您也应该知道，您不经意的一个小小的举动，也会给我们带来巨大的温暖，这种温暖影响之深，也是您不曾预料到的。

“暖”藏在心里，在黑暗的时候发光。

这位女生和她的一位好友合作，送给我一个非常特别的礼物。她们选了一个素雅的笔记本，工工整整地手抄了几十首诗，其中包含《星星》《礼物》等我分享过的诗篇，也有我不熟悉的诗，带给了我惊喜。旧雨新知，源头活水。不少诗配上了可爱的插图（见图1–1），有些还贴上了美丽的干花（见图1–2）。

笔记本的中间部分，罗列了让我愧不敢当的“喜欢周老师的10个原因”。其中第二条所谓“花钱买开心”，是指我有时会给学生买些小零食、小礼物，并解释说是花很少的钱为自己买大大的开心，

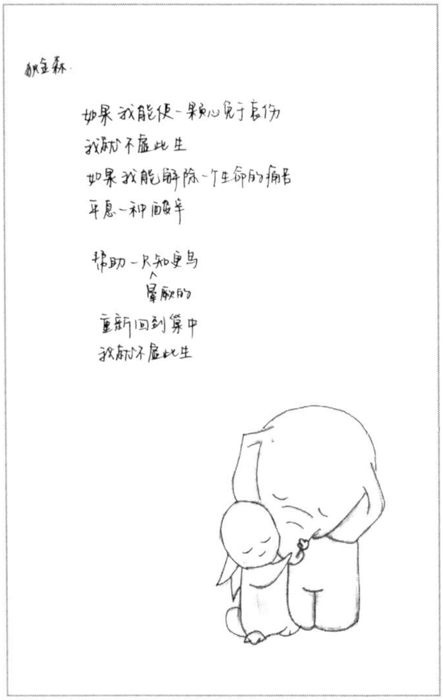

图1–1

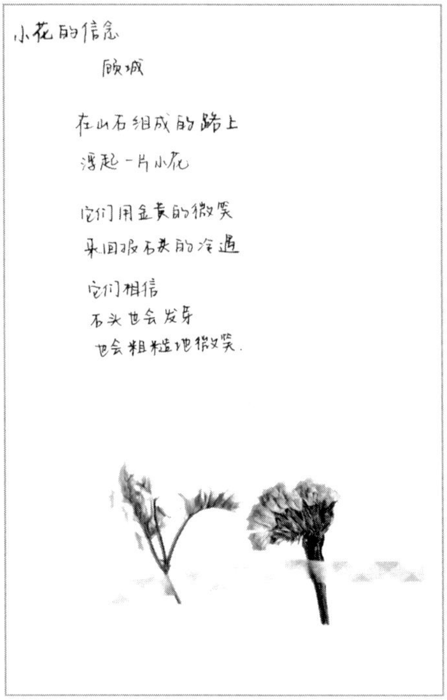

图1–2

类似于在窗台上撒米粒喂小麻雀求愉悦，大概还是一种特殊方式的“利己”。我曾无意中提起自己睡眠不好，她们却记住了，在第三条的小贴士中提醒我睡前喝温牛奶助眠。在笔记本的最后，她们还贴心地抄录了谷萤的童话诗《数羊的星星》。诗题旁，她们用荧光紫的几十颗小星星缀成一颗大星星。诗的结束处，她们则用闪烁的银粉拼贴出一只可爱的绵羊。我想象着那纤细洁净的手指是如何在洁白的纸上写写画画、粘粘贴贴的。她们会不会看着自己粘满了胶水和银粉的手傻笑？然后庄重而满足地合上本子，想象把它交到老师手里的那一刻……

那在暗夜里会发光的星星和羊，是我的“金蔷薇”，我曾和学生共读共觅的帕乌斯托夫斯基笔下的“金蔷薇”：在生活里，在阅读中，收集粒粒金粉，储存美好而神圣的记忆，铸造那朵永恒的金蔷薇。也许平时我们都不爱说话，不善交流，但在黑暗中我们一起数羊，互相取暖，并肩行走，寻找闪烁的星星，照亮未来的路。

记下以上这些文字时，我颇为犹豫，担心是借学生真诚的回馈表扬自己，亵渎了孩子们的情感。犹豫再三仍把它们放在这里，是想借此强调：学生把心寄放在我们这里，我们不经意的一言一行，甚至衣着仪态所产生的影响，大概远远超出了我们的预想。一位学生曾写信给我，分析语文老师受欢迎的原因，也谈起另一位很特别的老师：

> 同学们最喜欢的老师大概是语文老师。
>
> 除了个人魅力，语文老师似乎天生受欢迎——这个学科很特别。我的猜测是，语文老师可以分享自己的情感和生活——能让学生感受到生命的存在。
>
> 其他学科的老师很少会说这些，但依然在不经意间显示了他们的有趣。
>
> 英语老师薛老师就很特别。薛老师会告诉我们那只乌龟

在校园的香樟树下匆匆地埋了一个蛋；她会告诉我们她晚上看见了可爱的、身子长长的黄鼠狼；她会告诉我们等她不当老师了就申请当花工，照顾校园里的花花草草，晒晒太阳。她还说雪后的植物园最美，会有斑鸠的脚印，说想跟着“多识于鸟兽草木之名”的朋友去流浪……

也许正是跟随着薛老师的目光，另一位学生注意到了法国梧桐叶的变化，并用浅近的文言记录下来：

冬衣渐暖，春衣尚寒。余匆忙去往体育馆，过天桥，忽见路旁法国梧桐皆生嫩绿新叶，约指甲大小，偎于老干，轻探春风。两周后再至，已长约一寸，青翠欲滴。后再至，已有巴掌大小，色渐深。已而全树皆绿，难见其主干也，且有小果点缀其中，为土黄，通体毛糙，悬于枝干，随风而舞，随雀而歌，飘飘乎如小铃铛。讶然恍然：此之谓“悬铃木”。

甚欢喜。

怀着虔敬之心观看与记录自然，才能有这样的文字与心境。语文老师为学生写作的进步而“甚欢喜”时，大概不会想到这美丽的涟漪，来自另外一个学科的同事无意间在学生的心湖上投下的小小石子。而那些渐大渐密的叶子，叶间小小的铃铛，也将如百草园中的皂荚树与覆盆子，多年后仍使人时时反顾，于纷扰中得些闲静，于炎热中得些凉意。

教师如果为自己对学生的影响沾沾自喜，自高自大，甚至以人生导师自居，不但浅薄可笑，而且会玷污孩子们晨露般的心灵。相反，作为教师，我们应当以此提醒自己谦卑努力，一日三省，因为孩子们明亮的眼睛正注视着你，他们渴望的，是同样明亮的眼睛。

她的眼睛是晴空的颜色
她永远看着我
永远，看着
绝不会忽然掉过头去

（顾城《我是一个任性的孩子》）

虽不能至，心向往之。道阻且长，溯洄从之。

天地用清风写一首诗
——诗歌教学手记

诗歌的阅读与写作，是个大而困难的命题。论诗易，入心难。高中阶段的学生，由于思维渐趋理性、学业压力巨大等，渐渐远离了诗。尤其是理科的学生，大都认为诗歌风花雪月强说愁，与现代社会、日常生活相距甚远，很难引起共鸣。不少学生也会以诗歌来点缀作文，增加诗意，但往往如女性涂抹口红，一擦即无。

学生与诗歌之间的遥远距离，是诗歌教学的巨大障碍。但学生作为纯真的少年，与诗歌又有着天然的亲近。许多学生不喜欢诗歌，是因为没有接触过大量高品质的诗。做题可能无趣，但有近利；上诗歌课并无近利，如果它再无趣，怎么能吸引学生？如果不能以高品质的“有趣”来引领学生（并非低俗的“吸引眼球”），诗歌的“长久之用”“无用之用”怎么能实现？这就要求我们必须广泛地阅读和甄选诗歌，在学生与伟大的作品之间搭起桥梁。另外，我们必须寻找各种方式，唤醒少年的诗心，使其进入诗歌的神秘花园，徜徉沉醉，流连不去，从此拥有一方与财富、地位无关的“自己的园地”。

用幻想画眼眸——唤醒童心与诗心

学生对诗歌往往有误解：远离尘世，深奥晦涩，其“高冷”导致阅读和写作都很困难甚至无趣。在中学阶段，教师可适当引入一些有趣的儿童诗，唤醒学生渐渐麻木甚至失落的童心与诗心。优秀的儿童诗很多，我曾读到两首台湾的儿童诗《画我》[①]，是七八岁的小朋友写的。

画 我

用发菜色画头发
用莲雾色画鼻子
用苹果色画脸颊
用玉米色画牙齿
还用黑色画眉毛
我画的是高兴的我
我画的是忧愁的我
我画的是害怕的我
也是
厉害的我

画 我

用黑夜色画眉毛
用白云色画牙齿
用收音机造型画耳朵
用氧气筒造型画鼻子
还用焚化炉造型画肚子
我画的是愤怒的我

① 沈惠芳. 来玩写作的游戏 [M]. 北京：北京少年儿童出版社，2013.

我画的是调皮的我
我画的是快乐的我
也是
与众不同的我

细读当可看出性别特征：前一首是女孩写的，后一首是男孩写的。孩子的想象充满了天真的童趣。不同年龄段、不同性格、不同性别的孩子，会画出不一样的自己。十六七岁的高中生的答案会怎样？我请学生用同样的句式画一画自己，要求富有想象力，同时又能联系自己的生活，契合自己的特征。高中阶段的第一课，我们不妨尝试这样让学生以个性化的语言唤醒童心，走近诗歌，介绍自己，了解即将共度三年的同伴——以一首有趣的诗、一幅特别的自画像，开启人生最重要的青春之旅。学生的作品展现出了丰富的个性与多样的趣味。

画 我

用 不锈钢茶杯色 画 头发
用 窗帘色 画 眼镜
用 粉笔色 画 秋季校服
用 黑板色 画 秋季校裤
还用 墙壁色 画 课桌
我画的是 上课 的我
我画的是 带水杯 的我
我画的是 戴眼镜 的我
也是
同桌不停傻笑 的我

这首诗借用了学校生活中的各种物品与场景，同时又有超出日常经验的想象。比如“用不锈钢茶杯色画头发”，很有“科技感”与“未来感”。又如“用粉笔色画秋季校服，用黑板色画秋季校裤”——我们的校服是普通的墨绿色，学生戏称为“邮政绿”，看来这位学生理想的校服色是上白下黑，对比鲜明，但他不直接说颜色，而是借用粉笔与黑板这两样学校生活的代表性事物。最后他幽默地捎带了一下同桌，类似于小朋友以“推搡撩拨”的特殊方式示亲近友好之意。

画我

用 磨好的墨 画 眉毛
用 比墨黑的颜色 画 头发
用 比头发还黑的颜色 画 眼睛
用 黑上加黑的黑 画 脸颊
我画的是 吸光 的我
我画的是 色系统一 的我
我画的是 隐没在黑夜中 的我
也是
为自己代言 的我

作者肤色很黑，他借此调侃自嘲，很聪明地用一组递进式描写完成了一幅特别的自画像。

前两位作者均为男生，诗以幽默见长。下面三位女生的作品，有童话味和诗意，也能显现不同的性格。

画我

用 海苔丝 画 头发
用 玻璃弹子 画 眼睛
用 提琴 画 耳朵
用 垂着的晾衣绳 画 嘴巴
还用 五个小矮人 画 手指
我画的是 爱吃 的我
我画的是 爱玩 的我
我画的是 爱笑 的我
也是
长不大 的我

画我

用 纯黑巧克力 画 皮肤
用 春天的雨丝 画 睫毛
用 刚出炉的馒头 画 脑袋
用 水灵灵的莲藕 画 四肢
还用 充气的皮球 画 肚子
我画的是 发呆 的我
我画的是 卖萌 的我
我画的是 做梦 的我
也是
整天乐呵呵 的我

画我

用 一片叶子 画 手掌
用 困在鱼缸里的小蝌蚪 画 眼睛
用 月球表面 画 六年级的额头
用 软绵绵的水草 画 懒洋洋的头发
还用 小麦 画 一个家
我画的是 犹豫 的我
我画的是 平常 的我
我画的是 小路上 的我
也是
我也不太熟 的我

第三则的最后一句颇有意味。“我”是“我”熟悉的陌生人——认识自己，是成长期乃至一生的重大命题。

有一位学生提供了两个版本，其中一个版本如下：

画我

用 幻想 画 眼眸
用 草香 画 额头
用 铅笔 画 皱眉
用 鸟鸣 画 马尾
还用 手工刀 刻 双手
我画的是 眺望 的我
我画的是 回忆 的我
我画的是 沉迷 的我

也是

相信童话 的我

作者的思维与表达很特别。大多数学生的句式，都可以转换成“把什么画成什么”，比如“把睫毛画成春天的雨丝”，“把手掌画成一片叶子”，且大部分都是视觉形象。这位学生的则不同，她填的是工具，比如“用铅笔画皱眉”，“还用手工刀刻双手”，后一句她把“画”字换成了“刻”字。“用草香画额头”，“用鸟鸣画马尾”，搭配奇妙，且延伸到了嗅觉、听觉等，“眺望的我”“回忆的我”“沉迷的我”的形象也更有抒情气息。

她还写了另外一个版本，融合不同学科，妙趣盎然：

画 我

用 碘蒸气 画 眼神
用 苏丹Ⅲ 画 嘴唇
用 硫氰化铁 画 热血
用 醋酸洋红 画 笑容
还用 硝基苯 画 愁绪
我画的是 基因组成 的我
我画的是 蛋白质构架 的我
我画的是 染色体正常 的我
也是
无机与有机结合 的我

这类仿句和摹写，容易操作，且贴近生活，学生兴趣很浓，参与度很高，作品也很精彩。我在日常阅读中也会注意收集这类短诗，有时也参与到写作中，希望在灵活运用语言、充分挖掘诗意方面给学生一些引导和启发。比如说这首诗：

不 急

夏南

我想变成天边那朵白云
用尽整日晴天
只从左边
移到右边

我对这首诗进行了多种改写：

我想变成天边那朵白云
用尽 整个秋季
只从左边
移到右边

我想变成天边那朵白云
用尽 整个十六岁
只从左边
移到右边

我想变成天边那朵 金色的云(乌云)（镶银边的乌云）
用尽 整个黄昏
只从左边
飘 到右边

我想变成天边那朵 湿漉漉的云
用尽 整个雨季
只从左边
挪 到右边

以不同的色彩、时间、动词对应不同的心境。

我想变成天边那朵白云
用尽整日晴天
从左边
飘到右边
再从右边
飘到左边

在悠然自得的闲趣外，用重复增加一点灵动之趣。如果用词再调皮些，则可多一点童话色彩。

我想变成天边那朵 蓝色 的云
在白色的天空溜达
从左边晃到右边
再从右边晃到左边

还可以把它变成一首情诗：

我想变成天边那朵白云
用尽整日晴天
从山那边移到山这边

只为停在你的窗前

教师在这样的引导后，再请学生来做做填空式的仿句，意象、时间、行为都可超出原有的框架。

我想变成______
用尽________
____
____

这类写作看似低幼，只言片语，过于零碎，其实学生费时少而收获大，这样可以很好地消解学生对写诗的畏难情绪，调动写作热情，使其生发对语言、意象、情绪、思维的敏感，提高审美力和创造力，这些正是日常写作的根基。以读带写，原作的高起点，在一定程度上也保证了写作的质量。

向着明亮那方——捕捉诗意

朗读、拟标题、提问、续写摹写、点评等，可在诗歌教学时分别运用，也可融合在一组诗的教学中，形成一节诗韵流淌、完整而又丰富的课。

如对金子美铃的四首童诗，我做过这样的尝试：将全班同学分成四个小组，每组读一首，完成一个任务，如有学生对其他小组的任务有兴趣，也可参与，之后全班交流。教师设置任务时，要尽量让任务多样化、有趣味，以培养学生多方面的能力。

第一组读下面这首诗[1]并完成相关任务：

天空的牧羊人
无影又无形。

山羊被追赶，
向着傍晚的
旷野尽头
渐渐聚集。

天空的牧羊人
无影又无形。

山羊被夕阳
染红的时候，
在远方
吹响了笛声。

任务：请为这首诗拟标题。

这个任务的关键是如何理解诗中的“山羊”。“山羊”既可以实指地面上的山羊，也可以作为天空中白云的喻体。

学生所拟标题集中在“天空的牧羊人”“云”“傍晚”“牧笛”等。认同度最高的两个标题，一个为“咩”。学生们说拟声词有童趣，符合童诗的特征。有一位学生想象了一个睡前场景。如果他是一

① 金子美铃. 向着明亮那方 [M]. 吴菲，译. 北京：新星出版社，2009：43.

个几岁的孩子，妈妈说："今天我们选读一首诗，有这样几首，《云》《天空的牧羊人》《傍晚》《牧笛》……还有一首《咩》。你想读哪首？"他肯定会选《咩》，好玩嘛。另一个为"躺着"。学生们说诗中所写，都可以是"我"躺在旷野上望天空所见。另外，"躺着"暗示出一种自由自在、身心放松的境界，是辛苦的高中生向往而不能得的境界，所以他们觉得这个标题特别好。

之后我公布了诗歌的原标题——"风"。大家都觉得很巧妙：诗中那位无影又无形的天空的牧羊人，正是"风"。这组学生中，有一位与诗人心有灵犀，猜中了原标题。当然，这绝不意味着其他答案没有价值。在拟标题的过程中，学生对诗歌的意象、主旨、语言都要细细品味。另外，不同的标题也形成对原诗的有趣补充，非但没有减损诗意，反而拓展了诗的空间。

第二组读下面这首诗并完成相关任务：

蜜蜂和神灵[1]

蜜蜂在花朵里，
花朵在庭院里，
庭院在围墙里，
围墙在小镇里，
小镇在日本里，
日本在世界里，
世界在神灵里。

任务：原诗还有两行，另成一段。请同学们续一两行诗，作为这

① 金子美铃. 向着明亮那方 [M]. 吴菲，译. 北京：新星出版社，2009：105.

首诗的结尾。

不少学生注意到了这首诗的逐步推进，由小至大，由实入虚，猜想最后应当回到“神灵在蜜蜂里”，形成一个有意味的循环。

原诗的结尾细节上略有不同：

就这样，就这样，神灵，
在小小的蜜蜂里。

两个“就这样”形成重复与强调；“蜜蜂”则以一个富有画面感的叠词“小小”修饰，从至大的世界、至高的神灵，回到了小小的蜜蜂、小小的原点，宏大的宇宙、高深的神意，都可以浓缩在一个小小的生命中。金子美铃是一个敏感善良的女诗人，从这首小诗中，我们也可以读到她对所有微小生命的珍惜与敬重。有学日语的学生补充，日语的“就这样”是日本人常用的结束语，有点像中文的“是的，是的”“嗯，嗯”，口语的亲切、随意打破了诗歌原有的整齐、严肃，符合童诗的特点。我还请学生比较“神灵在小小的蜜蜂里”与“神灵，/在小小的蜜蜂里”的不同：不一样的断句、停顿、分行——既是形式、节奏的变化，同时也是一种意义的强调。诗歌的字词句的排列组合、语法结构往往不同于散文，从而造成节奏和意义的变化，形成诗歌独有的意韵。

有一位学生的答案很特别，赢得了多数同学的赞赏：

神灵坐在香火里
一只蜜蜂叮在他的鼻子上

学生们点评说，这个结尾符合儿童视角，有童趣。大人们可能关心香火，烧香求福，或者想着深刻的宗教问题、哲学问题，孩子则只注意到也许没什么深意却很好玩的细节：一只蜜蜂叮在他的鼻子上。我补充说，接的这两句诗，也许还有很妙的调侃和讽刺。人们烧香，有时是很世俗和功利的，求一点实际的好处，比如升官发财，金榜题名，多子多福等。这其实离纯粹的宗教信仰已经很远了，更像是一种交易。神灵坐在大家用来做交易的香火里，一只蜜蜂叮在他的鼻子上，像是一出小小的闹剧，颇有荒诞意味。

第三组读下面这首诗并完成相关任务：

做[①]

小鸟
用稻草
做它的窝。
那稻草
那稻草
是谁做的？

石匠
用石头
做墓碑。
那石头
那石头
是谁做的？

① 金子美铃. 向着明亮那方 [M]. 吴菲，译. 北京：新星出版社，2009：185.

我
用沙子
做盆景。
那沙子
那沙子
是谁做的？

任务：原诗到此为止，请仿照原诗的句式，续一节诗。

这首童诗看似质朴浅易，实则大有深意。那位“谁”，当为伟大的造物主。里尔克有一首《在世间万物中我都发现了你……》[①]，可以回答这首《做》。

在世间万物中我都发现了你，
对它们，我犹如一位亲兄弟；
渺小时，你是阳光下一粒种子，
伟大时，你隐身在高山海洋里。

这就是神奇的力的游戏，
它寄寓万物，给万物助益：
它生长在根，消失在茎，
复活再生于高高的树冠里。

（杨武能 译）

学生们的续诗多罗列各种事物，继续关于“谁”的追问。

① 里尔克. 里尔克诗选 [M]. 北京：中国文学出版社，1996：37.

藤萝
用紫花
做瀑布
那紫花
那紫花
是谁做的？

上面这节诗意象的选择显现出女性的婉约柔美，其出处当为宗璞的《紫藤萝瀑布》。也有学生有更有意味的推进：

我用时光
做梦
那时光
那时光
是谁做的？

关于时间的追问，古老而深刻。下面这则与上一则相似但有变化：

贝壳
把时光
凝成珍珠
那时光
那时光
去了哪儿？

这位学生不是机械地模仿原诗，其句式和用词有变化，更多一点创造性和灵动感。

蛇
用苹果
做礼物
那苹果
那苹果
是谁做的？

这是《圣经》里的故事。作者说他有一个疑问，上帝不是全知全能的吗？那为什么会有违背上帝旨意的这一切发生？为什么会有禁果，有用禁果诱惑人的蛇？这些问题太难了，我当然回答不了。我说我在小说里读到过一个情节：有人问一个行善传道的修女，如果有上帝，为什么会有希特勒，会有集中营？修女回答说："我不知道。上帝有他的用意。而我只按他给我的爱的指示行事。"

歌唱者
用声音
做乐曲
那声音
那声音
是谁做的？

这两位学生的续诗意思相近，但显然不如下面这则：

天地
用清风
做一支歌谣
那天地

那天地
是谁做的？

前面这些学生的续诗，都可以接着再往下写。有一则续诗大家觉得并不一定多出色，但就此打住，是一个很好的收尾。

稻草
石头
沙子
是天地做的
那天地
那天地
是谁做的？
我不知道

这位学生总结了前面三个诗节。宇宙的起源到底是什么？有没有一个神秘的秩序或力量主宰这一切？如果有，那个神秘的力量又从哪里来？无论科技如何进步，谁又敢确信自己知道答案呢？这是人类永恒的疑问。对《做》这首诗的讨论就在这个"我不知道"里结束。

第四组读下面这首诗并完成相关任务：

向着明亮那方[1]

向着明亮那方，
向着明亮那方。

① 金子美铃. 向着明亮那方 [M]. 吴菲，译. 北京：新星出版社，2009：37.

哪怕一片叶子
也要向着日光洒下的方向。

灌木丛中的小草啊！

向着明亮那方，
向着明亮那方。

哪怕烧焦了翅膀
也要飞向灯火闪烁的方向。

夜里的飞虫啊！

向着明亮那方，
向着明亮那方。

哪怕只有分寸的宽敞
也要向着阳光照射的方向。

住在都会的孩子们啊！

任务：请为这首诗写一则10字以内的点评，可文言，可白话。

有些学生注意到“向着明亮那方”从标题到正文多次出现，用重复凸显主旨。有些学生则注意到语句的倒置和结构的独特：将小草、飞虫、孩子们等主语后置，单列为一个诗节，突出强调诗歌的主体，也形成诗歌独特的节奏韵律，富有建筑美和音乐美。他们说困难在于将这些意思压缩到10字以内，并且表达要准确而独特。

大多数学生的点评集中于这首诗的主旨“向着明亮那方”：

明亮暖意　向光生长

光明，万物之所向也

艰苦而无改向阳之心

学生们最认同的一个点评是“墨眸向明路”。这位学生准确地提炼了诗歌的主旨，同时又巧妙地化用了顾城的《一代人》：“黑夜给了我黑色的眼睛，我却用它寻找光明。”

有两个特别的点评，也记在这里。“铃铛的指引”——这位学生说因为诗人名叫金子美铃，而这首诗如果要配乐，她觉得应该是清澈悠扬的风铃声，那干净明亮的声音，指引着我们前进的方向。“飞蛾扑向火光？”则点出了一点悲剧的意味。我补充说，诗人反复强调“向着明亮那方”，其实正是因为自己的生命里有着巨大的、难以克服的黑暗和忧郁。诗人能走出这巨大的黑暗吗？我们可以去了解一下她的生平和其他诗作。

这样的课，无论是学生自己完成任务，还是全班交流，大家都觉得好玩，只嫌一节课的时间太短，不能尽兴。学生觉得热闹、好玩，教师则应当注意让学生在热闹、好玩中有收获，不能只是雨过地皮湿，应如春雨润物，滋养长久。我们常跟学生说要生动，要准确，要深刻，学生也知道，但关键是如何生动，如何准确，如何深刻？教师一定要在具体的语言案例中让学生逐渐拥有精准的语感，在比较不同答案的过程中，推敲语言，推进思维：必须跳到水里学游泳，而不是在岸上高谈阔论，坐而论道。

《静夜思变调》——让古诗“动起来”

在诗歌教学中，古诗也是一个重要资源。除传统的诵读、讲解之外，古诗也可以有更灵活的教学方式，甚至可以和现代诗教学打通。

比如李白的《静夜思》，这样一首孩子们从小就会背、熟悉得不能再熟悉的唐诗，放到高中课堂，还能重新唤起新鲜感和诗意吗？旅法艺术家、哲学家，数学家熊庆来之子熊秉明将李白这首小诗，铺展成一首由19个短章组成的长诗《静夜思变调》[1]。限于篇幅，我们只读其中的第四章。

四

床前明月光
疑是地　上霜
举头望　望　明　明　月
低头　思故　思故　思故乡

床前月光
疑地上霜
举头明月
低头思乡

床前光
地上霜
望明月

① 熊秉明. 诗与诗论 [M]. 上海：文汇出版社，1999.

思故乡

月光
是霜
望月
思乡

月
霜
望
乡

我请学生说说这一章的特点，他们注意到了诗句字数的变化：从五言到七言、九言、四言、三言、二言，最后每句压缩成一个字。我问学生：如果是我们来做这样的扩展或压缩，会增减哪些字？熊秉明在变化中保留了 ang 的韵脚，这个韵脚很适合抒发悠长惆怅的乡愁。有一首我们学过的现代诗，抒发一种惆怅绵长、似有若无的情感，也用了 ang 韵，是哪一首？学生敏感地回忆起戴望舒的名篇《雨巷》。

学生在这样的阅读、思考、比较中，学习、体会诗歌的韵律和情感，领悟语言的重组变化所带来的无穷妙趣。受《静夜思变调》启发，我在教学中做过这样的尝试。李白《将进酒》的开篇素来为人称道：

君不见黄河之水天上来，奔流到海不复回。
君不见高堂明镜悲白发，朝如青丝暮成雪。

如果拿掉“君不见”，就变成了——

黄河之水天上来，奔流到海不复回。
高堂明镜悲白发，朝如青丝暮成雪。

这样力量上就削弱了很多。“君不见”相当于“你看！”，这是一个重拳式的提醒——在浑浑噩噩的人生中，突然有人捶醒我们，让我们意识到时间的流逝无可挽回、永不停止。对此，我们痛彻心扉却又无可奈何，这正是穿越古今的永恒的生命之痛。今天的我们与一千多年前的诗人，面对的是同一条时间之河。

继续把诗句压缩：

黄河之水来，奔流到海不复回。
明镜悲白发，朝如青丝暮成雪。

原来的诗句中，有广阔的、相互融合的时间与空间。删去“天上”与“高堂”之后，诗歌的空间感丧失了部分，气势上弱了很多。进行这样的比较后，我请学生将《将进酒》的开篇压缩成七言，尽量多地保留原意。一般而言，压缩会减损诗意，可比照体会原诗的饱满淋漓之美；或许也会有出色的创造，与原诗构成一种有意味的对照。学生的改写如下：

黄河奔流不复回，
黄河入海不复回。

镜中青丝暮成雪。
朝之青丝暮成雪。
镜悲青丝暮成雪。

最后一句中的“悲”字增加了情感。

> 黄河倾海不复回
> 青丝染尘（霜）冷似雪

“倾”快而有力，“染”则慢、静、持久。“尘”暗示俗世纷扰，“霜”则暗示高洁之志。学生可借此琢磨古诗“炼字”的妙处。

> 天水落海难回首
> 青丝对镜忽白头

“忽”传达出时间的“短”、情绪的“惊”，如换成“已”，则无此种情味。

需要强调的是，古诗改写并不是为了改造甚至超越原诗，这样的写作活动，目的在于以积极主动的“跑起来”，让学生深入领会汉语的简洁之美、含蓄之美、变幻之美，甚至创造这样的美。福建的陈日亮老师曾指出，“多引发思考和激发想象，就是语文课的‘多跑’”，“语文课程并不是真理课程，而是行为课程”。想方设法让学生在语言、情感、思维上“多跑”而非“静坐”，正是此类写作活动的目的。

刹那成永恒——在“信达雅”中学习“精准”

学习优秀的诗歌，我们必须大量阅读外国诗歌。这绝非崇洋媚外而轻视母语或本土的创作。中国以外的诗歌，都可以笼统地称为外国诗歌，因其覆盖的时空之广，整体上当然占有一定的优势。许多优秀的中国现代诗，也或多或少地受到了外国诗歌的影响。不分古今中外，以辽阔的视野、广博的趣味采众家之长，是我们当有的态度。

外国诗歌的阅读，存在一个特殊的困难，即翻译问题。有人说，诗意在翻译中丧失良多。但即使一首诗的诗意因翻译而仅剩十分之二三，那二三也可给我们带来异域的新鲜空气与新颖诗思。二三积累得多了，整体上即可至六七甚至更高。也有不少优秀的译诗，尽可能多地从形式到内涵保留原诗的特点，如老一代诗人兼翻译家穆旦、冯至、绿原、陈敬容等的译作，皆为典范。

翻译中有不少趣事，如李白的《静夜思》，如果生硬地直译，如何让外国人领略其优美意境与浓重乡愁？翻译家许渊冲巧妙地以意译传达出“乡愁如水”的东方意韵：“月光如水，我沉浸在其中。”据说日本文学大师夏目漱石曾当过中学英文老师，有一天，他带着学生翻译“I Love You”，学生多直接翻译成日文的“我爱你”，夏目漱石却一边摇着头一边说：“日本人是不会这样说的。”“那应该怎么译？”他沉吟片刻：“应该译作‘今夜，月色真美啊’。”苛评者会认为许渊冲与夏目漱石的翻译不“信”，但不可否认的是，两位以“达”“雅”抵达了另一种“信”。诗人北岛著有《时间的玫瑰》一书，细致而深入地梳理外国名诗的不同译本，可参看。

这样说来，翻译造成的隔阂与障碍，反倒可以成为一个学习、思考的点：跨越这些障碍，不同的译本做得怎样？好在哪里？不好在哪里？很多高中生的外语水平已经不错，如果对几个译本都不满意，自己动一动手如何？有的译本是从原作的英译本转译过来的，将来有能力，是否可以读读原文？在中学阶段进行这样的学习、思考，不是为了培养翻译家，与之前的活动一样，还是为了让学生“跑起来”，体会如何以精准的语言在形式和内涵上都尽量贴近原作，同时还要考虑不同的文化背景、表达习惯等复杂因素。

我在这方面的尝试，要从康德的墓志铭说起。有一节课上说到康德的墓志铭，我介绍了三个不同译本：

两样东西，人们越是经常持久对之凝神思索，它们就越是使内心充满常新而日增的惊奇和敬畏：我头上的星空和我心中的道德律。

（邓晓芒 译）

有两事充盈性灵，思之愈频，念之愈密，则愈觉惊叹日新，敬畏日益：头顶之天上繁星，心中之道德律令。

（冯晓虎 译）

有二事焉，常在此心，敬而畏之，与日俱新：上则为星辰，内则为德法。

（余光中 译）

余光中的翻译古雅简洁，流传最广。我顺便问问学生最喜欢哪个译本，猜想他们会选余光中的，结果大部分学生选了第一个。我颇为吃惊，问他们原因，他们回答得颇有道理：这是哲学著作中的句子，欧式的长句背后有严密的逻辑；语言风格或话语体系的差异，背后有思维的差异，因此不必把原来散文化的长句压缩成整齐的古文。“信”，不仅要意思“信”，还要有语言风格、话语体系的“信”。有一位学生还指出，不看原文而比较译本没有多大价值，最好能参考一下德文原文。

学生的分析让我有了信心。接下来的一节课，我请他们看大家熟悉的一首英文诗的两个译本。英国诗人布莱克的《天真的预言》中有这样几句：

To see a world in a grain of sand
And a heaven in a wild flower,
Hold infinity in the palm of your hand
And eternity in an hour.

这首诗的中译本较多，我选了两个：

一颗沙里看出一个世界，
一朵野花里一座天堂，
把无限放在你的手掌上，
永恒在一刹那里收藏。

（梁宗岱 译）

一沙一世界，一花一天堂。
无限掌中置，刹那成永恒。

（徐志摩 译）

按之前的思路，我猜想学生会认同梁宗岱的翻译，但这次他们选了徐志摩的。学生说他们读英文诗，觉得是散文化的，但实际上那首诗肯定有属于诗歌的韵律、形式。这位诗人的生卒年为1757—1827，那时的诗应该比较古典，所以用一首古雅的五言诗去翻译是合适的。

阅读外国诗歌，当然并非都要如此比较译本。师生的学养、精力有限，这样的比较，可以作为某些诗的一个教学环节。如有学生对语言有特别的兴趣和天赋，或遇到钟爱的诗作，教师可鼓励他们找找不同的译本，找找原文，加深理解。

有学生后来出国学习与文学无关的专业，以翻译诗歌作为休息和减压的最好方式：选一首大家熟悉的唐诗或宋词，推敲如何译成英文；或者将一首出色的英文诗，形神兼备地译成中文。“留下来的，就是教育。”课堂上的学习结束了，但诗歌留在了生命里，成为异乡人永恒的“故乡”，这大概就是诗歌的“长久之用”“无用之用”。

柔和之光照亮生命——让诗歌成为生活

我之前说到许多学生尤其是理科生不喜欢诗，是因为他们接触过的好诗不多。教材须求全，能收入的诗歌尤其是现代诗很有限。考虑到作品的经典性，教材中的诗大多是名篇，不少学生童年时已熟读成诵，这固然降低了教学难度，但新鲜度与冲击力也降低了。这就要求我们广泛阅读，细心遴选，补充学生原本不太熟悉的佳作。

河北教育出版社出版过一套“20世纪世界诗歌译丛”，共5辑50种。这几年重庆大学出版社出版了一套“新陆诗丛（外国卷）”，除个人集之外，《法国现代诗抄》《北欧现代诗选》《外国诗选65家》等，都是很好的合集。如果将诗歌拓展到散文诗，花城出版社出版过一套“现代散文诗名著译丛”，包含兰波的《地狱一季》、波德莱尔的《巴黎的忧郁》、卡尔维诺的《隐形的城市》等。还有些比较好的诗歌选本供参考：《自由诗篇——从弥尔顿到米沃什》（花城出版社出版），《水怎样开始演奏》（《世界文学》50年诗歌精选，译林出版社出版），《现代诗100首》（外国卷，分红、蓝两卷，生活·读书·新知三联书店出版），《现代汉诗100首》（生活·读书·新知三联书店出版）。《现代汉诗100首》这套选本很有特点，由诗人编选和评注，颇能切中诗的本质。这两年，我还给学生推荐过两个比较平易的选本。

《给孩子的诗》（中信出版集团出版）。北岛选编的这本诗集，收录了不少名篇，对老师们来说，可能新鲜度不够，但对接触诗歌不多的学生来说，则保证了其经典性；也有不少作品并非名家名作，这增加了这个选本的包容度和独特性。学生如果特别喜欢其中的某一首诗，还可以继续阅读这位诗人的其他作品、这个流派的其他诗作，由此有更广泛、更系统的诗歌阅读。

《给孩子读诗》（浙江文艺出版社出版）。这本诗集中的诗多为名篇，插图精美。我仔细看诗集的目录，试图找到编排的规律，答案是没有。编者大概是刻意为之，以达成一种随性的阅读：请把今天的阅读交给偶然，听从手指的指引与命运的安排。但编者以自己的眼光，保证了此次邂逅的品质：翻到哪里，都是一首出色的诗，一幅出色的画。一以贯之的，是诗意、美感与童心。

我个人还有一些钟爱的诗集，列在这里，仅供参考。《里尔克诗选》（中国文学出版社出版），《狄金森诗选》（中央编译出版社出版），《无止境——扎加耶夫斯基诗选》（花城出版社出版），《特朗斯特罗姆诗歌全集》（四川文艺出版社出版），《万物静默如谜：辛波斯卡诗选》（湖南文艺出版社出版），金子美铃《向着明亮那方》（新星出版社出版），《唯有孤独恒常如新：伊丽莎白·毕肖普诗选》（湖南文艺出版社出版）等。

需要强调的是，诗歌的阅读、写作与日常教学，最关键的并非知识与技巧，而是让诗歌化到生命里，成为生活的常态甚至不可或缺的生活方式。

我曾经建议学生早晨读一首小诗，临睡前再读一首，只需几分钟，就可以让一天在诗歌中开始，又在诗歌中结束，用诗歌连缀起生活。我常跟学生说，一个人喜欢诗歌，就像随身携带了一款富有智慧和情趣的高级游戏。许多零碎的时间，别人埋头于手机的碎片信息，你则可以回忆一首短诗，或者尝试捕捉当下的情景、意绪，推敲几句诗。长此以往，你对美的敏感度，对语言的驾驭能力都能提高，且不必远行，就可以让自己生活在“诗和远方”中。大家热衷谈论的“诗和远方”，说到底不是外在的境遇，而是内在的能力：如果能够领略塔可夫斯基的电影中的诗意，你大概就很难再被商业电影吸引；如果凝视任何一片普通的树林和湖水，甚至一个小小的毫不起眼的角落，你都能发现色彩与线条、光与影的无穷变幻，那正是自然伟大、神秘、永恒的诗。

高三下学期，复习迎考有些枯燥，我请每位学生准备一首自己喜欢的诗，读一读，说一说。学生们做的准备远远超出了一首诗，他们会介绍作者的生平经历、时代背景，还会带出这位诗人的其他作品。几十位学生交流完，学生不但欣赏了不少好诗，还积累了不少诗歌史的常识。一位学生介绍的是阿根廷诗人博尔赫斯的《我用什么才能留住你》（王永年 译），扬州中学的历史名师王雄老师恰好来听课，他惊讶于高三的课堂还有这样的诗意，也深深喜欢上了这首特别的诗：“我给你瘦落的街道／绝望的落日／荒郊的月亮。……我给你我设法保全的我自己的核心／——不营字造句，不和梦交易／不被时间、欢乐和逆境触动的核心／我给你早在你出生前多年的一个傍晚看到的一朵黄玫瑰的记忆……”

一年寒假，我给学生布置了一项特殊的作业：阅读张定浩的《我喜爱一切不彻底的事物》与辛波斯卡的《种种可能》(以“我偏爱……”贯穿全诗)，寻找积累五个以上的“我喜爱”，推敲语言，连缀成诗。开学后，我将学生的作业汇总成一份讲义，请学生阅读交流并留作纪念，希望这些温暖美好的“我喜爱”成为他们日后可随时调取的青春记忆，用以安抚忧伤，对抗荒诞以至虚无。有些学生之后继续积攒“我喜爱”，为自己的生命打下明亮的底色。还有学生向我推荐上海彩虹室内合唱团的《我喜欢》，说以后布置作业时也可以歌曲导入，增加音乐性和趣味性。我曾向学生推荐数学家兼诗人蔡天新主编的《现代诗100首》，学生觉得不错。之后有学生告诉我，人民文学出版社2016年出版了蔡天新主编的《冥想之诗》《漫游之诗》，仍由诗人编选、评注，延续了之前的特点。

我和学生关于诗歌的交流，并不限于日常教学或书籍推荐，更多的是心灵的互访。困惑于人类的苦难与人性的复杂，学生曾向我倾诉痛苦，我摘录扎加耶夫斯基《试着赞美这遭损毁的世界》的结尾安慰她：

在秋日的公园你收集橡果，
树叶回旋在大地的伤口上。
赞美这遭损毁的世界吧，
和一只画眉遗落的灰色羽毛，
以及重重迷失、消散又返回的
柔和之光。

（李以亮 译）

她坦言阅读诗歌并不能解决矛盾，我继续推荐扎加耶夫斯基的《多重性颂》："诗歌生长于矛盾之上，但并不克服矛盾。"较之于单一，矛盾甚至多重性本身就值得歌颂。

感知到生命中的巨大黑暗，我有时也会借海子的诗句向学生求助：

黑夜抱着谁
坐在底部
烧得漆黑

黑夜抱着谁
坐在热情中
坐在灰烬和深渊
他茫然地望着我

这是我的夜歌

学生回给我英国诗人伊丽莎白·詹宁斯的《冬日黎明鸟》：

闭上眼。静下来，你能听见
太阳升起，激烈的呼喊
在你耳边讲述新生，
天空的一场雄辩。

或许还是冬季，但春天
从冻土挣脱。严酷的生活
在空中维持强压，它将歌唱
直到歌唱带来疼痛。

睁开眼。光是鸟群，
背负太阳，再将它剪碎。
它们在声音的脉动中
几乎碎成词语。

（冬至 译）

我曾读到上海女诗人陆忆敏的一首诗，其中有这样几句："我有过一种经验／我有一种骄傲的眼神／我教过孩子们伟大的诗。"骄傲当属于伟大的诗和诗人，能在伟大的诗与学生之间搭建桥梁，我只是感激命运赐予我的幸运。换个角度看，诗歌也在我和学生之间搭建起桥梁，让我们彼此温暖，一起前行，如海子所说："活在这珍贵的人间，太阳强烈，水波温柔。"诗歌，与诗歌相关的日常教学、心灵交流，就是我生命中的"柔和之光"，我非常珍惜。这样的珍惜，使我的诗歌阅读总带着“学生”视角。暑假我读法国诗人保尔·艾吕雅的诗[①]：

你立起来水面舒展
你睡下去水波露出笑靥

你是从深渊流出的清泉
你是赖以生根的土地
万物都在土地上生长

你在喧哗的沙碛里吹起几个无声的水泡
你在彩虹的弦柱上咏唱夜歌
你无处不在你取消了所有的道路

你为真正火焰的永恒青春
蒙上自然并又把它重现
牺牲时间

女人你给予世界的躯体总是
像你

像你的模样。

我会想，如果请学生拟标题，他们会有什么样的答案？诗歌的原标题是“流畅”，很是巧妙。在诗人眼里，这样的“学生”视角是限制还是拓展？我不知道。但它无疑使我孤独的个人化的阅读多了些价值和

① 瓦莱里，等. 法国现代诗抄 [M]. 徐知免，译. 重庆：重庆大学出版社，2012：196.

意义：柔和之光照亮了我的生命，也许还能让学生的青春多些光亮？

我曾有一位语文课代表着迷于古希腊神话与法国大革命史。她也非常喜欢诗歌，每天借教室外阳台上的小黑板为同学们抄录一首，字体娟秀，诗歌隽永，给身在高三的同学们带来许多“小确幸”。一年教师节，她送给我的礼物是里尔克的《致俄耳甫斯的十四行诗》。第二年暑假，我集中阅读这本诗集，读读抄抄，暑热渐消，宁静渐生，以其中几句作为这篇手记的结尾：

> 如若尘世将你遗忘，
> 对沉静的大地说：我流动。
> 对迅疾的流水言：我在。

与意象相遇在诗中
——记一次诗歌写作

何谓意象？简单地说，即“意”加“象”——寄寓了主观情感、意蕴的客观物象。在诗歌教学中，意象是解读诗歌内蕴的重要概念。而在诗歌创作中，如何寻找独特而准确的意象，如何甄选排列纷繁的意象，也往往成为许多学生的困惑。

“浪花”如何成为“因退缩而耸起的背脊”

意象从哪里来？从观察中来，从想象中来。

我曾结合顾城的《弧线》一诗，在课堂上做过这样的教学尝试：“请同学们闭上眼睛。请注意我说出的这个词——弧线，自己默默地念上几遍。跳到你大脑中的第一个意象是什么？”

一分钟后，我请学生们告诉我答案，同时请一位学生用简笔画的形式在黑板上记录。学生的答案非常丰富：蘑菇形的小房子、在风中飘落的树叶、雪山山脉、彩虹、钟摆、旋转的乒乓球、浪花、拱桥、微笑时嘴角的细纹、颈上的项链、啤酒肚、晨昏线、地平线、太阳、呼啦圈、抛物线、椭圆……

黑板很快就被画满了。我接着提问：“这些意象从哪里来？为什么是这个意象而不是其他意象首先出现？”学生很快得出了比较统一的答案：从经验中来——自己仔细观察过的、留下了深刻印象的那些物象，往往会先出现。比如那位说“啤酒肚”的学生，他的父亲和舅舅都已发福，他觉得那条弧线很温暖、很亲切，给人安全感。“蘑菇形的小房子”，则源于纯真的童年记忆：幼儿园、儿童乐园都青睐这样的装饰。落叶、雪山、彩虹、拱桥那美丽的弧线，都是学生大脑储存的无数风景中特别的一帧。

接着，我请学生们跟我一起阅读顾城的《弧线》①：

鸟儿在疾风中
迅速转向

少年去捡拾
一枚分币

葡萄藤因幻想
而延伸的触丝

海浪因退缩
而耸起的背脊

然后，大家讨论交流：与我们的答案相比，这些意象好在哪里？

学生认为诗人的观察更细致、更完整，同时还赋予这些物象主观的情感与想象，具有鲜明的个人印记。他们以诗句为例分析：“鸟儿在疾风中／迅速转向”是一个完整的动态的过程，“迅速转向”中包含了动感和力度，而“疾风”之“疾”，则突出了动作之“劲”，我们可以想象出一条清晰有力、快速掠过的弧线；“少年去捡拾／一枚

① 顾城. 一代人·远和近：顾城卷 [M]. 武汉：长江文艺出版社，2008：38.

分币”则是一个像“一枚分币”一样易被忽略的生活细节，诗人没有直接呈现“弧线”，而是强调“捡拾”的动作，带读者去想象少年弯腰的姿态，诗歌中留下了想象的空间；植物细小的卷须，同样是易被忽略的细节，诗人敏感地捕捉到了，且赋予其人的情感，那细小卷曲的须，似乎是一个敏感的少年向世界好奇地张望、探索，充满热情，却又胆怯迟疑，而这些，全因“幻想”而生，诗歌因此具有了几分浪漫的童话色彩。学生尤为关注的是“海浪因退缩／而耸起的背脊”，因为他们的意象中也有“浪花”，而在诗人的笔下，浪花有动作，动作中有姿势，姿势中有灵魂——“浪花”这样一个普通的名词，原本是千万朵相似的、无特征的浪花组成的一个群体，由于诗人的独特想象，变成了活生生的个体。

学生细致深入的分析和其中所蕴含的诗心、灵性令我惊奇。我接着这些分析提醒他们，诗人有超出常人的敏感，这种敏感表现在观察、感受、想象、思考等诸方面，其中固然有天赋的成分，但后天的努力同样重要和有效。大诗人里尔克就曾反复练习“观物”：“诗是经验。为了一首诗我们必须观看许多城市，观看人和物，我们必须认识动物，我们必须去感觉鸟怎样飞翔，知道小小的花朵在早晨开放时的姿态。”他向着事物内部前进，用陌生的眼睛去观察习见的事物，努力接近事物的本质，并用精确的语言去描述。但“观物”并不是对物的简单刻板的复制，其中还注入了诗人独特的体验与想象。他的名篇《预感》[1]，就是观察与想象、客观与主观的完美结合。

我像一面旗帜被空旷包围，
我感到阵阵来风，我必须承受；
下面的一切还没有动静：

① 北岛. 时间的玫瑰 [M]. 北京：中国文史出版社，2005：85.

门轻关，烟囱无声；
窗不动，尘土还很重。

我认出风暴而激动如大海。
我舒展开来又卷缩回去，
我挣脱自身，独自
置身于伟大的风暴中。

诗人有点石成金的眼睛与心灵，我们通过阅读诗歌品味“石”如何成为“金”，而更重要的是在生活中不断练习与提高“点”的能力。

“乱花渐欲迷人眼”

再将目光转回黑板，我问学生：黑板上的这些物象，种类很多，很难概括，给人“乱花渐欲迷人眼”之感，如果不加选择地排列，任意组合，是否能成为一首好诗？学生在思考和讨论之后，形成了三种意见。半数以上的学生认为不能：诗歌应当在内容、情感和风格上形成内在的联系与统一，如果不加选择地罗列组合，就会缺乏诗歌应有的和谐之美，所以应当对杂乱无章的意象进行筛选，将其简化、纯化。他们倾向于选择彩虹、雪山、浪花、拱桥这些更符合传统审美、具有美好寓意的意象。也有不少学生认为可以全部保留，但必须分类整理：彩虹等可归作一类，体现形象思维、审美思维；晨昏线、地平线、钟摆等可归入时空思维；抛物线、椭圆则与数学相关，体现科学思维；乒乓球、呼啦圈、笑纹、项链等，都可归入生活细节，而啤酒肚这样的意象，则很另类，别有意趣。如果遵循一定的顺序，比如从形象到逻辑，从感性到理性，从文学到科学，就可以使“杂乱无章”

变为“井井有条”。另有几位学生则坚持认为黑板上展现的是一幅美好的画，变成文字就是一首美丽的诗：和谐匀齐是一种美，不和谐统一就一定不美吗？井井有条、有章可循是一种美，但杂花生树、自由丰富不也很美吗？美是多样的，表达诗意可有多种形式、多种风格。啤酒肚和笑纹，同样带给人亲情般的温暖，而啤酒肚和项链，不正可以形成有趣的对照与反差吗？

我对几种意见都给予了肯定，同时给少数派补充了一些理由：表面的杂乱无章，或许更符合生活与思绪的真实状态，另有一种生气勃勃的本真之美。如果记录一个生活片段，我们未必能找到合理的逻辑联系，而记录自己五分钟的胡思乱想，很可能会被其纷乱和无理无序吓倒——这正是人类意识的特点，复杂多变，理性与非理性并存，很难找出逻辑性轨迹。而朦胧、跳跃、突破常理常规，不也正是诗歌区别于其他文体的特质吗？一些表面上反诗意的、不符合传统审美的题材，恰恰可能具有一种特殊的诗意。比如，画家刘小东笔下的“白胖子”“三峡新移民”，都不具有传统的美感，却朴素、粗犷、有力，蕴含着来自民间、来自土地的强大生命力。这提醒我们，在阅读和鉴赏诗歌时，应更具包容性；而自己的诗歌创作也不妨有更多风格的尝试。

直线·红·白·蓝

最后，我给学生布置了这样一个作业，作为本次写作教学的收尾：以“直线”或任意一种颜色（红、白、蓝、黑……）为题，选择四个意象，组成一首小诗。我还提出了两项建议。

1. 诗歌不是坐在桌前，用半小时苦思冥想出来的。我们可以在几天的时间里去观察、想象、捕捉、甄选、推敲。也许今天早晨我遇见了一条“直线”，明天黄昏我忆起了一幅画面……让自己生活在诗里，让生活变成一首诗。

2. 可记录下七八个甚至数十个意象，从中筛选出准确而耐人寻味的、不雷同于他人的四个。筛选时可做不同尝试：四个意象可以是同类的，也可分类而建立某种内在关联，也可是无序的、杂糅的。甚至可以几种都试一下，体会同题异构的妙趣。

[附：学生习作]

直线

卢颖

熹微的光
透过疏条交映的丛林
戳了戳满地的枯叶

秀颀的望天树
昂起树冠挺直腰板
顶了顶浩瀚的长天

是野兔带起的幻影
还是匆匆流年

黑

卿倩倩

少女刺绣时低垂的眼睫
新剧上演前深掩的幕布
流动于孩童指间的蝌蚪
停栖着新芽与梦的沃土

红

黄一泓

紫禁城的宫墙
斑驳了时光
年三十的灯笼
因游子未眠
石榴在微凉的风中开怀
露出晶莹的牙齿
藏族姑娘在面对阳光时
羞涩地低下了头

绿

钱寒阳

跳跃在苍翠的树梢
游动在澄碧的湖底
也许还躲藏在
青涩的杏子
和街边的邮筒里

与诗歌相伴的一天

今天，再普通不过的一天。

早晨，读一首辛波斯卡的小诗[①]：

我脖子上戴着一串珠子
每一天都是快乐的日子，
被种种意想不到的
事情的叩击撑起。

上班路上，有一处院落，开出满墙粉色蔷薇，足以抵消生命中许多艰难苦涩。

早读，上课。期中考试后的两节课。第一节课用来评讲试卷，有批评，有鼓励。

第二节，上一节有趣的课。我请所有学号为奇数的学生，在黑板上写一个字（也可以写一个词或一个短语）。不必深思熟虑，依凭直觉就好。有一学号为偶数的学生手舞足蹈，庆幸自己不必“上黑板”。我请他加入，以示“重视”，诸生欣然哗然。

以下为学生们所写的（排序不分先后）：

---

① 辛波斯卡. 给所有昨日的诗：别册 [M]. 陈黎. 张芬龄，译. 长沙：湖南文艺出版社，2018：5-6.

世界 承 一生之梦 试错 抟扶摇而上者九万里 渝宁 日轮 愣 爆炸

归一 毅 翻车 灵魂 炸 不愚蠢 丧 喜庆 我要成精 喵喵喵 呵呵

不在沉默中爆发，就在沉默中灭亡！

有两位学生都取了自己名字中的一个字："承""毅"。有一位学生写"不在沉默"，大家起哄说是不是写了别字，本意当为"不再沉默"。此生反应敏捷，马上援引鲁迅名句，为自己解围，诸生佩服之至，热烈鼓掌。

我请学生们择其一作标题，用五分钟时间，写一首五行以内的小诗。也可选择数个嵌在诗中，多多益善，但也需自然巧妙，不应生硬拼凑，为用而用。沉淀诗思，新鲜有趣；推敲语言，恰切隽永；还可配上图文，诗画相称。

学生们苦思冥想、斟酌推敲之际，我逼自己与学生同"在沉默中爆发"，组合得一诗，五分钟后，抛砖引玉。

灵魂
承一生之梦
扶摇直上

诗很普通，过于直白，我加了个标题——"语文课"，表明心志。我曾带学生一起读辛波斯卡的《小谈灵魂》，我告诉他们，我最大的幸福（理想），即在我的课上，我是有灵魂的，他们也是有灵魂的，而且我们的灵魂能交汇、撞击、生成。教育正是"一颗灵魂唤醒另一颗灵魂"，可能是我唤醒了学生，也可能是学生唤醒了我，还有可能是他们彼此唤醒。这是每位教师的梦想：学生的灵魂承一生之梦扶摇直上。师生的梦彼此承载，高飞远翔，超越凡俗。“语文课”的标题也许过于写实，那就改成“毅”——如此理想，“士不可以不弘毅，任重而道远”。写下这个“毅”字的学生，正好名“弘毅”。

我在班上跟随命运之手来寻找“玉”。随手拿起的第一首诗为：

日轮

喵喵喵
不愚蠢的灵魂喜欢爆炸
愚蠢的灵魂
载一生之梦
慢慢翻车

非常巧，这像是对我的诗、对某种“执念”的嘲讽和消解——实际上，她写作时完全无意于此。这位女生相当特立独行，不知道何种人生才当得起她向往的“爆炸”。

另一位女生的诗，则又反转过来，当然她写作时也无意于此。

呵呵哒

至少这一刻
灵魂归一
世界不愚蠢
呵呵
哒

相似词语的不同组合，互相补充或冲撞，在同一主题下生发出不同的意趣。

有趣的诗作不少，摘录几首如下：

灵魂

我们如何不愚蠢？
我不知道。
我们如何不迷茫？
我不知道。
——但我想知道。

爆炸

（一）

五，
四，
三，
二，
一。

（二）

烟花万重之后，
是苍凉无边的天空。

灵魂

做一生之梦

梦到喜
梦到丧
梦到，我在做梦
醒来，感觉自己还在梦里

这一天恰逢期中考试后各科公布分数，有学生以宝塔诗记录自己的跌宕心情。

拿试卷

愣
翻车
又爆炸
全当试错
还应坚毅吧！

下面这首似以超现实的荒诞想象有所讽喻，但又开放多义，让读者去想象诠释。

世界的灵魂在喜庆中爆炸
闪着绿光的瓷砖上有洁白的污迹，
我们乌黑的一生之梦在黄色的黑板上破碎着，
我疑惑。

于是世界并不愚蠢的灵魂，同我们愚蠢的
回头一笑，然后在喜庆的鲜艳中爆炸了。

课上交流的时间有限，我答应学生将所有诗作（不少还配有可爱的图）印成小册子，20年后再聚，此即青春之证据：青葱岁月，同学少年，历历如在眼前。

我不知道别人如何定义幸福。但我可以确认，我的幸福，就在这样的普普通通的日子里。有劳作的充实，有创造的兴奋，有灵魂交汇的愉快和温暖，最重要的是，有爱。

辑二

掬起一朵浪花

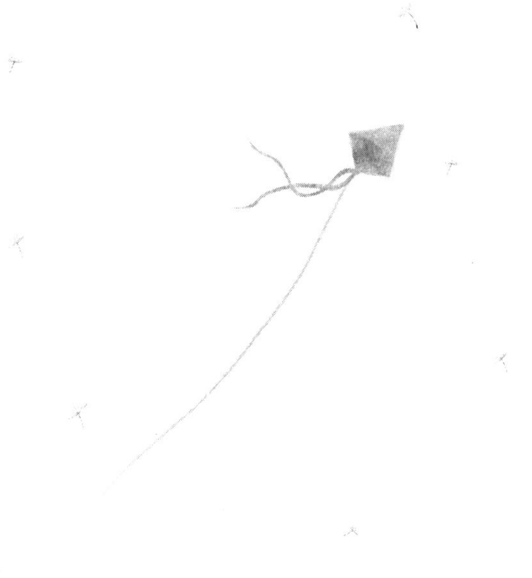

打开一个辽阔的世界
——语文与文学

常听专家批评有些语文课没有“语文味”，而关于什么是语文，什么是语文味，他们也有种种理论。惭愧的是，我虽天天面对语文课堂，却常常读不懂专家的高论。不过我有一个为自己辩解的理由：正如谁能说得清“爱”？但这并不妨碍我们真诚地去爱。或许不少一线语文教师并不能就何为“语文”发表高见，但他们以朴素的理解和踏实的实践，与学生一起在“语文”中学“语文”。

自称是语文教育门外汉的钱理群老师，关于语文教学曾提出一个基本标准：“语文教育改革最终效果应该体现在哪里？衡量语文教学成功与否的最基本的标准是什么？我想，是要表现为每一个学生听、说、读、写能力的实实在在的提高，以及在这一过程中，学生的感悟力、理解力、想象力、审美力的实实在在的提高，从而达到人的精神的实实在在的成长。”这或许就是对“语文”最准确、最朴素的概括。至于一篇具体的课文应当教什么，怎么教，可以因文本、教师、学生而异，丰富而多元，只要教学内容指向前述基本目标，就是合宜的。

关于语文与文学，我想我们也可以做朴素的理解：两者并不等同，互有交集，相得益彰。此处我们可以参考一些国际课程的定义。如国际课程之一种IB课程（全称为国际预科证书课程），是由国际文凭组织为高中生设计的为期两年的课程，不以世界上任何一个国家的课程体系为基础而自成体系，广泛吸收了当代许多发达国家主流课程体系的优点，涵盖了其主要的核心内容。在IB课程中，以中文为母语来学习的课程不叫“语文”，名为“语言A：文学”，是一门纯文学课程。该课程认为：“文学与我们对世界的概念、诠释和体验息息相关。因此，文学研究就是探讨人们日常生活中的追求、焦虑、喜悦和恐惧的复杂性的表达方式。文学研究使学生能够对这一经久不衰的人类创造领域进行探索，并给他们提供开展独立、创新、具有批判性和清晰思考的机会。另外，它也提倡用想象以及用敏锐的眼光去理解和诠释文学作品。”

概念梳理、理论阐述实非我所长。作为一线教师，我更关心的，是如何通过一堂堂具体的课，让学生的语文能力和文学素养得到切实的提高。

比如，教学古诗名篇《春江花月夜》时，我们可以利用标题让学生动一动笔，使其对汉语的美加深理解：

> 把这五个字拓展成一句话（以句号为单位）。
>
> 可以是文言文（古诗词），也可以是现代汉语，字数在20字以内。
>
> 注意语言的优美，意境的和谐：能否在这句话里多增加些诗情画意和水波潋滟、惝恍迷离的美感？

学生的拓展如下：

> 月夜临江葬春花

学生们说这让人联想起纤弱善感的黛玉，但月夜临江葬花，较之于《红楼梦》中“春榭绣帘”的深闺之怨，境界上开阔了不少。

春夜不知落花愁
江月偏照伊人忧

思妇的形象跃然纸上。

中庭春寂寂，渡口夜沉沉。轻衫覆花影，澄江浸月轮。

形式完整、形象鲜明、意境浑成的五言诗。

春洒江，江映花，花照月，月笼夜，夜归春。

可注意其顶真与回环的运用。

一轮孤月，一池落花，一江春水，一夜思愁。

可注意其中的量词。试比较“一池落花”和“一江落花”，“一条鱼”和“一尾鱼”，“一艘小船”和“一叶扁舟”等，体会小和大、轻和重、灵动与板滞的差异。

还有一位学生写了一首很活泼的现代诗，与原诗意境大不一样，充满了朝气甚至童趣，动词的使用颇为精当，很受同学们的好评。

春雨扎进江面，打碎月盘，推开花瓣，叫醒夜。

此外，就文学作品中常见的“月亮”意象，我还做了这样的延伸：

一千个读者，就有一千个哈姆莱特。
一千个人仰望夜空，心中有一千轮明月。

读完了张若虚的《春江花月夜》，我请学生再读三个“月亮”。（发给学生的讲义是完整的文本，此处限于篇幅，均摘其概要略做说明。）

第一，那一轮永恒的明月（熊秉明《静夜思变调》）。

旅法艺术家熊秉明，将李白的《静夜思》铺展成由19个短章组成的长诗。我请学生阅读《静夜思变调》，并提醒他们注意三个角度：

1. 继承传统意象。

2. 将“月光”这一古典意象发展丰富成多重意象。

3. 一首我们熟悉得不能再熟悉的古诗，如何读出和写出丰沛的诗意？一首20字的小诗，如何反复变化，承载如此久远的文化、如此深重的乡情？

第二，从隐喻后退——月亮就是个月亮（林夕《开门见山》）。

那是个月亮　就是个月亮
并不是地上霜
那地上花瓣　看完了就完
没必要再联想

这是香港音乐人林夕写的一段歌词，他反对对自然景物做过多联想与过度阐释，倡导一种简单的情感态度与生活方式。我建议学生将此歌词与教材中于坚《云南冬天的树林》一文的生命观联系起来比较。

第三，杀人犯的红月亮（陀思妥耶夫斯基《罪与罚》）。

主人公拉斯科利尼科夫杀死了一位放高利贷的老太婆。在梦境中，他重回杀人现场，照着他的月亮又大又圆，是火红的，忧郁神秘而可怖。

月光忧郁而神秘地透过玻璃照射进来；瞧，这就是二楼。啊！这就是那两个工人在里面油漆的那套房子……他怎么没有立刻就认出来呢？在前面走的那个人的脚步声消失了："这么说，他站下来了，要么是在什么地方躲起来了。"这儿是三楼，要不要再往上走呢？那里多静啊，甚至让人害怕……不过他还是上去了。他自己的脚步声让他感到害怕，心慌。天哪，多么暗啊！那个小市民准是藏在这儿的哪个角落里。啊！房门朝楼梯大敞着；他想了想，走了进去。前室里很暗，空荡荡的，一个人也没有，好像东西都搬走了；他踮着脚尖轻轻地走进客厅：整个房间里明晃晃地洒满了月光；这里一切都和从前一样：几把椅子，一面镜子，一张黄色的长沙发，还有几幅镶着画框的画。一轮像铜盘样又大又圆的火红的月亮径直照到窗子上。"这是由于月亮的关系，才显得这么静，"拉斯科利尼科夫想，"大概现在它正在出一个谜语，让人去猜。"他站在那儿等着，等了好久，月亮越静，他的心就越是跳得厉害，甚至都跳得痛起来了。一直寂静无声。突然听到一声转瞬即逝的干裂的声音，仿佛折断了一根松明，一切又静下来了。一只醒来的苍蝇飞着猛一下子撞到玻璃上，好像抱怨似的嗡嗡地叫起来。①

我请学生从以下两题中选择一题完成：

1. 以"我的月亮"为题，写一首小诗或一段话。

2.《春江花月夜》《静夜思变调》《开门见山》《罪与罚》中的四轮月亮，最能让你怦然心动或陷入沉思的，是哪一

① 陀思妥耶夫斯基. 罪与罚 [M]. 非琴，译. 南京：译林出版社，1993：301-302.

轮？说说理由。

颇有意味的是，这四轮月亮中，最吸引学生的是《罪与罚》中的那轮红月亮。作家在内心独白、梦境、幻觉、病态心理和下意识活动等方面的刻画既精细入微又惊心动魄，具有强烈的现代性，他也因此被现代派作家奉为鼻祖。常有人说陀氏的作品艰涩难读，我与学生共读的经验却告诉我，这类文字对今天的青年依然深具吸引力。有学生为之迷醉，完整地阅读《罪与罚》全书，进而再阅读篇幅更长、内涵更厚重的《卡拉马佐夫兄弟》。一位学生曾告诉我有趣的细节：一晚，他读着读着，激情不能自抑，跑到客厅读给母亲听。母亲工作一天后非常疲倦，竟靠在沙发上睡着了。他有点沮丧，但转念一想，这样的情景，以后也会成为温馨的回忆：在他的读书声中，母亲安心地睡着了。母亲不一定喜欢陀氏风格，也不一定理解他此时的心境，但少年时有好书的陪伴，有亲人的守护，已经足够。这位学生温厚的品性里，或许就有《罪与罚》中索尼娅与《卡拉马佐夫兄弟》中阿廖沙这两位人物的滋养？有时候，书中虚构人物的影响，远胜于琐碎虚浮的现实。

选择第一个问题的学生，则更多地在“月亮”中注入了“我”的情感、“我”的思考，将客观景物主观化、自我化，从而在一千轮明月中拥有了一轮独特的“我的月亮”。

我希望提供给学生的文本有纯正的文学品位，提出的问题有高出一般语文课的文学性，但这些都必须落实到文本的阅读与理解、语言的组织与推敲这样一些具体的语文活动中。我还会将学生的答案剪贴成讲义，请大家再读读说说。总之，无论是语文还是文学，都应落实在具体的听、说、读、写中——在水中学游泳，而非在岸上高谈阔论。

我还曾做过这样的尝试：智利诗人聂鲁达的《疑问集》由74首

诗、316个没有给出回答的问题组成。诗人对世界提出了许多神秘有趣、荒诞不经的问题，让我们直面自以为了解却一无所知的一切。我借“大哉小天问”为标题设计讲义，选择部分诗歌，分为“梦”“生与死”“永恒的自然”“我”等几个主题，请学生在课前阅读，并书面回答三个问题。

1. 你最欣赏哪一节（一组）诗？为什么？

2. 请选择其中一个“疑问”，给出你的答案。

3. 请你也写一节（数节）诗（可续写所选诗歌，也可另选主题），提一个这样天真而有意味的疑问。

课堂上，大家交流这些答案，互相回应、质疑、补充。天真的“问”，有的寻找到了“答”，有的则依然存疑，甚至会永久存疑，吸引我们继续思考、探求，并对世界的伟大与神秘永远保持谦卑庄重之心。

这样将学生原本不熟悉的文学作品带入课堂，我觉得比空谈文学好。我直接摘取一枝一叶，让学生看到它的青翠美丽，他们会很迷恋，然后他们可能就忍不住去看看那棵树，那片树林，树林所在的广袤的原野，原野上的天空……他们会由一个片段走向一本书，再到一个作家，一个主题，再走向相关的另一些作家，另一些作品，最终形成自己的阅读体系和精神谱系。

曾有老师问我，他们也热爱文学，也希望能将教材以外的文学作品带入课堂，但往往很难找到合适的切入点，也担心会喧宾夺主。关于“喧宾夺主”，我的回答是，可以参考钱理群老师关于语文教学的标准，思考一下什么是主，什么是宾。关于如何找到合适的切入点，我的回答是，在平时的阅读中保持一种特殊的职业敏感、教师视角，多留心，多思考，随时记录，以免遗忘。比如，钱穆在《中国历代政治得失》一文中论及唐代兵役制度，正好以《兵车行》为例，我在课堂上引入相关论述，学生很有兴趣。钱穆此书虽不属于文学范畴，却可以帮助我们掌握古代文化常识，进而准确地理解古典文学作品。土耳其作家帕慕克的诺贝尔文学奖获奖演说《父亲的手提箱》中有一段铺排，以二十多个“我写作是因为……”，真诚剖析自我与写作的关系，回答人们最喜欢问作家的一个问题：你为什么要写作？我请学生也以“我______是因为______”的句式来完成一个铺排的语段。作文辅导机构常教人一段华美的排比，无论什么作文题，都以此开头，稍加变化，生拉硬扯，以增加文采，博取高分。这类文字的浮华空洞，导致一些认真写作的学生对排比这一修辞产生误解和排斥。帕慕克的这段铺排则告诉我们，排比也可以言之有物、深入人心，关键是写作者是否持庄重之心。另外，对帕慕克来说，写作是其生命的关键词，而对我们每一个人来说，那个词是什么？找到那个词，梳理其与自我的关系，正是我们一生最重大的命题。我希望学生在完成这一语文活动时，能将修辞的使用、语言的组织、自我的寻找、精神的成长自然地融入其间。这当然是理想状态，但预设目标的十分之五六一般不难完成。这样的阅读、思考和微写作如果成为教学常态，最终就可能成为学生热爱并持续终生的状态——他将成为一个真正的阅读者、思考者、写作者，他将比一般人更能享受孤独，与自我对话，并始终保持敏锐的观察力、深刻的思考力、新鲜的想象力、出色的表达力。

西谚有云，手里拿着锤子的人，看什么都像钉子。假期里我重读鲁迅小说，《白光》中关于月亮的描写有鲁迅独具的神韵：“月亮对着陈士成注下寒冷的光波来，当初也不过像是一面新磨的铁镜罢了，而这镜却诡秘的照透了陈士成的全身，就在他身上映出铁的月亮的影。”下次编《春江花月夜》的讲义时，也许可以加入这轮“铁月亮”？在《幸福的家庭》中，男主人公试图专心写作，但背后好一阵窸窸窣窣，回头一看：“就在他背后的书架的旁边，已经出现了一座白菜堆，下层三株，中层两株，顶上一株，向他叠成一个很大的A字。”数字的强调和刻意的“啰唆”，让我们联想到著名的“两株枣树”；“叠”字传达出层层堆叠、似乎还在不断往上生长的压迫感，也让我们联想到《孔乙己》中“排出九文大钱”一类炼字的案例。文学，可以这样融入日常的语文，为学生，也为教师自身，打开一个辽阔的世界。

掬起一朵浪花
——要有描写意识

叙述和描写是记叙文最基本的两种表达方式，在作文教学中，不少教师都发现：描写意识匮乏是学生记叙文写作的主要问题之一。苏教版高中语文必修四中有一次“写作指导”——《写作指导 要有描写意识》，我做了如下尝试：要求学生在充分预习的基础上，课前完成三项作业，上交电子稿，以便于交流；课上结合学生的作业交流并总结。

豹子那个具体的斑纹——为叙述和描写寻找比喻

《写作指导 要有描写意识》首先区分了叙述和描写，并以此为喻：叙述是在“线”上推进，描写是在“点”上描摹。王栋生老师也曾打过比方：叙述是“往前走”，描写是“停下来看”。第一项作业，我请学生也为叙述和描写寻找新鲜而贴切的比喻，统一使用句式：叙述像______，描写像______。

学生的作业大致分为几类，课上我利用投影仪逐一介绍。第一类注意到了叙述的“淡”与描写的“浓”，不少都以“水”为喻：“叙述如白水，平淡顺畅；描写则如绿茶（浓咖啡、红酒），芬芳馥郁。”这类比喻虽还贴切，却有平庸之嫌，相较而言，下面这个比喻也是在“浓淡”上做文章，却很特别：“叙述像‘寒波淡淡起’，描写像‘泪眼问花花不语’。”在准确度上或许还可推敲，但巧妙的引用值得鼓励。

第二类注意到了叙述的“简”与描写的“繁”，不少以“画”为喻：“叙述像写意画（抽象画），描写像工笔画（像一朵小花或是叶片的特写）。”“叙述像用铅笔勾勒出眼眉，描写像用彩笔点出眼的明媚和眉的生动。”“叙述是钢笔速写，追求简练；描写是水墨丹青，一个点也可渲染出千重景象。”

第三类相对综合，关注“快与慢”“长与短”“直与曲”“走与停”等的差异：“叙述像平直大道，快速通向情节的终点；描写像曲折的小巷，每个转角都有迷人的风景。”“叙述像一路轻舟看万重山，描写像伸出乌篷的手掬起一朵浪花。”“叙述像历史书上清晰的时间轴，串起往事；描写像书签停在那一页，而心已驰骋。”在这类比喻中，有一个比喻尤为出色：“叙述是急的，哪怕是慢慢说，它也目的明确，它要告诉你事实；描写不着急，哪怕是写一头豹子在奔跑，也绝不肯一句话带过，它忍不住就岔到那一个具体的斑纹下肌肉的动态，它要给你一个世界。”“忍不住”一词用得恰切：豹子迅疾如箭地奔跑，观者为它的速度所体现的力与美所吸引，情不自禁，“忍不住就岔到那一个具体的斑纹下肌肉的动态”。观者为某一种特殊的美所吸引，“忍不住”停驻流连，细细赏鉴；如此这般，尚且不足，还想把它存储在记忆中，以供回味或分享——这就要求观者细致观察，并积极寻找对应的语言，调动各种手法，准确还原当时的场景，使他人或日后的自己能跟随描写身临其境。“忍不住”——对美（美学意义上的、涵盖宽广的美，其中也可能包含了一般意义上的“丑”）的敏感与热情，正是描写的根本心理动因。学生如果能意识到这一点，就不会停留在“为描写而描写”的层面，仅仅关注技巧，而忽略描写的根本目的。

还有学生注意到了情感投入的差异：“叙述像一阵风吹过，我只会记得风来过；描写像一只只手抚过心上，不同的纹路，不同的粗糙度，留下的是不同的记忆。”

因为本次教学强调了“要有描写意识”，总的来说，学生的比喻似乎倾向于褒描写贬叙述。实际上，两者应搭配得当，构成恰切的表达。也有几位学生注意到了这个问题，一位学生将描写喻为“味精”，“量少提鲜，量多口干”。也有学生如此比喻：“叙述像一片广阔的平原，我们可以轻松前行，但如果长久地走下去便不免无聊。描写则是平地间崛起的山峰，突然出现的河流，在这里我们必须放慢脚步，却能体会更多的美景。当然，如果山水过多，人就得累趴下了。”学生阅读长篇小说时，遇到大段的景物描写、心理描写，往往一跳而过，这当然并非好的阅读习惯，不过也折射出过多的描写容易造成审美疲劳这一阅读现象。因此在写作中，描写并非多多益善，而应叙写结合，掌握分寸，这一点也是需要提醒学生注意的。

这个环节的最后，我追问学生前面这些比喻属于叙述还是描写，他们回答“显然是描写”。我提醒他们，为叙述和描写寻求一个准确的比喻，本身就是琢磨一段出色的描写——既要新鲜，又要贴切，方能让人过目不忘。

“直僵僵地镶嵌在门框里”——搜寻嵌入记忆的描写

第二项作业，我请学生回顾高中教材与读本，挑出印象最深的一段描写，并简要地说明理由。给学生们留下最深印象的，均为人物描写：两个班共八十多位学生，十多位学生选择了杨绛的《老王》（“有一天，我在家听到打门……打上一棍就会散成一堆白骨。”），七八位学生选择了高尔斯华绥的《品质》（“他本人有点儿像皮革制成的人……好像在迷恋着理想。”），五六位学生选择了鲁迅的《祝福》（“五年前的花白的头发，即今已经全白……她分明已经纯乎是一个乞丐了。”）。

请学生们齐读这些片段后，我用投影仪展示了他们所附的理由。关于如何生动形象地描写，教材突出了三个关键词：抓住特征，传达情感，多种手法。学生的说明也关注到了这些方面，如肖像描写、动作描写、细节描写等的综合运用；如平静文字背后作者的情感；如紧紧贴合人物特征等。值得注意的是，学生不约而同地关注了用词的精准和特别：贬词褒用——“僵硬”和“迟钝”，暗示出格斯拉朴实严肃的性格、对理想的迷恋与坚守；“死”词“活”用——关于老王的描写用了许多本不该用在活人身上的词；迁移——将植物将死、生机失尽的感觉用于对老王的描写。我在学生分析的基础上补充总结：这样用词很是新鲜，但并不生僻，如《老王》中的“镶嵌”、《祝福》中的“轮”等，正所谓“平中出奇（新）”。汪曾祺曾指出，“小说家的语言的独特处不在他能用别人不用的词，而是在别人也用的词里赋以别人想不到的意蕴”，并以《祝福》中“我便一个人剩在书房里”的“剩”字为例，阐释意蕴。

剩是余下的意思。有一种说不出来的孤寂无聊之感，仿佛被这世界所遗弃，孑然地存在着了。而且连四叔何时离去的，也都未觉察，可见四叔既不以鲁迅为意，鲁迅也对四叔并不挽留，确实是不投机的了。四叔似乎已经走了一会了，鲁迅方发现只有自己一个人剩在那里。这不是鲁迅的世界，鲁迅只有走。

汪曾祺对“剩”字加上这样一段似乎有些多余的注解，意在突出鲁迅用字之极简与含蕴之极丰。他接着强调小说家下一个字，要追求丰富的“言外之意”；语言写到“生”时，才会有味；语言要流畅，但不能“熟”。这些分析都与学生关注的三段人物描写相合——将人们熟悉的语言，用得“生”（新鲜），用得“不熟”，方能“不俗”。

这个环节的最后，我提醒学生：这些描写如此鲜明准确，很多年后，依然会清晰地留在我们的记忆中，这就是好文字的魅力。如果希望自己的描写给别人留下深刻印象，我们也应在以上这些方面多做努力。

“迎春花”引出的哗然——展示与讨论描写片段

第三项作业，我请学生完成一段描写，对象不限，字数为一两百字。这个环节的作业展示，三种方式相结合：老师推荐、学生推荐与随机抽取学号。我的推荐，意在作为“范例”；学生推荐和随机抽取学号，则保证了示例的丰富、课堂的即时生成；另外，借由学生的推荐，我可以了解哪些学生的写作较受关注。描写如以同学为对象，则需征询作者及相关同学的意见，征得同意后才做展示。

学生的作业大致可分为两类：写人，多以身边熟悉的人为对象；写景（物），多关注自己熟悉的景（物），也有不少描述旅途中印象深刻的风景。总的来说，一般描写的都是自己深入观察过的对象，因此才能细细地“在点上描摹”。

我推荐的是三个写同学的片段，因为对象是大家都熟悉的同学，写得如何，大家都有发言权。限于篇幅，只举两例：

> 又到了政治课，董同学有些提不起精神。镜框下的小眼睛呆呆地盯着讲桌上方，视线好像穿透了黑板，望着他也不知道的很远的地方。懒洋洋的两只胳膊很不自然地架在课桌上，不宽的后背软塌塌的，简直要陷下去，头尽量地压低，以免和老师有不必要的眼神接触，活像一只伏在草叶上打瞌睡的螳螂。他的一条大长腿卡在课桌底下，另一条腿笔直地

向左前方伸展。隔个十多分钟，他也会缓缓地拿起笔，在书上记一些连他自己都不知道要不要记下来的内容，或是将书上的“0”一个一个地涂黑。直到他感到右手拿笔实在无事可做，才换另一个比较舒适的听课姿势，把中性笔扔到一边，笔套也不盖上。

学生的评点很有趣：董同学本人认为写得很真实，这个看法得到了大多数同学的认同，他们补充说虽然风格有些夸张调侃，但神态、动作等细节都很逼真。作者本人则强调说他加入了一些虚构想象，有些体验其实是他自己的。我总结说，作者在细致观察、真实描写的基础上加入小说笔法、文学想象，使这个人物成为独特的“这一个”，同时又具有典型性，反映出学习生活的某种常态、共性。比喻的运用也很精当，且是层进式的：螳螂—打瞌睡的螳螂— 一只伏在草叶上打瞌睡的螳螂，在寻找到一个合适的喻体后，又添加具体的状态、场景，使比喻更准确，更具画面感。

若说梨涡浅笑是涓涓流水，那么李同学的笑便是滔滔洪水。若是前者让你五谷丰登，那么后者会让你颗粒无收。笑三百，一言以蔽之，泛滥邪。

虽说物以稀为贵，但我不得不夸她的笑容的确很明媚。眉目钩钩，唇角钩钩，勾出对勾函数的风采。皓齿朱唇，巧笑倩兮，散发着金属光泽的牙齿，绝对让你觉得那便是原电池电极的最好原料。抽搐的嘴角上下撞击，让你再一次找到动能定理的价值。佳人倩影，螓首蛾眉，让你相信这是母本最好的遗传基因。

李同学本人读完这段文字，便“露齿”大笑，说写得特别好，她非常感谢作者。我建议她珍藏这段文字，并一直以这样的笑面对人生。其余同学补充说作者的确抓住了李同学最鲜明的特征，如把名字隐去，他们也可一眼看出。他们还注意到了作者语言的独特性，半年多的相处后，他们已能清晰地辨认某些同学的写作风格。我总结说，作者的文字亦庄亦谐，雅俗相融，句式上整散结合，灵动有致，的确形成了自己的风格，辨识度很高。但更值得注意的是文字背后的东西：我们可以想象作者下笔时脸上的微笑，那微笑里有调侃，更有欣赏；我们注意到作者不但能娴熟地化用古典诗文，还巧妙地融合了其他学科的知识，显示出知识面的广博与巧用的智慧。这提醒我们，为绚烂文字打底的，其实是作者对同学的真挚友情、对身边人事的敏感和热情、求索知识的热忱和妙用知识的愉快——情感、态度、价值观，是比写作技巧更重要的人生底色。

学生推荐和随机抽取的作业则更为随意丰富，大家的评点也很精彩，主要关注了各种手法，如修辞手法、描写手法（动静结合、虚实结合、写景有层次等），多感官（视觉、听觉、触觉等），不少能结合作业具体展开，我对这些评点都给予了肯定。有意思的是，一位听课的同事在课后提醒我，这很可能是初三的应试训练培养出来的套路化的评点方式（熟记常用概念，代入具体作品），他认为应当超越这些技巧，追问学生描写的根本目的，使这些技巧分析有"精神内核"可依。解决了这个问题，学生才能保持观察与描写的持久热情。这个问题此前我也有所涉及、强调，如"情感、态度、价值观，是比写作技巧更重要的人生底色"等，但未能重点展开。的确，比"技"更重要的是"道"，比"形式"更重要的是"灵魂"。写作归根结底取决于对生活的理解：你对生活理解到什么程度，你的写作就能到什么程度。不过这是写作的根本性问题，不只与"描写"有关，也不可能在一两节课内解决，而应当在以后的写作教学中持续关注和探索。

学生的作业除了写人之外，大多写景（物），也举两则为例。这两则是随机抽取的，学生们反映强烈，褒贬正好形成对照。

> 她，一片金黄，淡黄色的花瓣中吐出火焰一般怒放的花蕊，枝条抽出了嫩绿的叶子，映衬着花朵。她，在风中摇摆着婀娜的身姿，如同亭亭玉立的少女随着美妙的音符翩翩起舞。她没有浓郁的芳香，却清香而淡雅，她没有高大挺拔的身躯，却在初春乍暖还寒的风中傲然开放。她就是春天的信使——迎春花。

这段文字刚在投影仪上展示出，便引来哄堂大笑。我很是诧异，追问笑得最厉害的一位女生，她说这是典型的小学生作文，好词好句加比喻、排比，看起来很美，其实很空、很假。看来学生读惯或写惯了这类小学生“优秀”作文，对空洞抒情的华美文风有一种条件反射式的敏感和厌恶。我担心伤害作者，请其他同学做补充，也有学生善意地指出看得出作者是用心写的，所以文辞优美，修辞手法的运用也得当。我请作者本人说说，他很不好意思，支支吾吾，没能说出个所以然。

> 在我的书桌上，有两本字典。一本是我的，一本是妈妈的。小一号的、近似于正方形的是我的，大一号的、厚度较大的是妈妈的。我的字典是小学时买的，红色的塑料外皮，书脊上隐约留着几个歪歪扭扭的符号，那大概是我小时候写的名字吧。妈妈的字典是她高中时老师送的，深红色的外皮，黑色、有点发灰的铅字，整本字典干干净净的，只是书脊上的装订线有些毛糙，大概是经常用而磨坏了吧。

这段文字接在“迎春花”之后，恰成对比，朴实无华的细节，蕴蓄着朴素真挚的深情。学生都关注了这个特点，并举两处关于“书脊”的细节为例：作者不刻意煽情，但读者自然能体会到岁月积淀出的厚重情感。我请“迎春花”的作者评论这段描写，他说很好，比自己的好。我追问为什么他关于“迎春花”的描写很美，大家却觉得不好，这段描写并不优美，大家却觉得好，他说可能是因为后者比较平实。这个答案还是风格概括，未能分析原因，所以旁边有学生补充说“真诚”。修辞立其诚，这同样是超越了技巧的根本，看来学生也意识到了这个问题。

最后，我简短地做了总结，并要求学生结合课堂讨论，对自己的作业做出修改。我特别强调了一点：作业的字数要求是一两百字，字数不足的学生很少，对这部分学生来说，要学着写长，尝试运用我们今天说到的技巧，把简略的叙述转为详细生动的描写。更多学生的问题却不是“短”，而是“长”，一两百字可立起来的内容，稀释成了三四百字，味道淡了，力度减了。对这些学生来说，要考虑的是如何删其冗余而求神肖。鲁迅的《范爱农》中，范爱农出场时仅用一行字：“这是一个高大身材，长头发，眼球白多黑少的人，看人总像在藐视。”人物“立”在眼前，使人一读就永远忘不掉。我们也应当努力地让自己的描写“立起来”。

关于“迎春花”，还有有趣的花絮。课后，“迎春花”的作者前座的女生告诉我，他在底下嘀咕——“其实我是瞎写的”。没有仔细观察，没有对所描述对象的“诚意”，仅凭书上看来的好词好句或自己想当然，就只能“瞎写”。好几位学生在那一周的随笔中谈及“迎春花”。有一位学生写那天的课结束后，她和同伴一起去食堂，路上说起“迎春花”，同伴认真地说：“我觉得迎春花像老太太。”她认同这个比喻：“老太太”的联想似乎没有“少女”美好，却远比“少女”真诚。我很好奇为什么“迎春花”像“老太太”，请那位同伴写一段说明给我，她的回答非常精彩。抄录如下：

我脑子里忽然开了一大丛迎春花，居然，居然很像男生宿舍某阿姨新烫的喷射状的卷发，还艳艳地染了色。（没有任何贬低的意思，但是，你看了可能也会笑的。）

我常常觉得植物像人一样有不同的气质。丁香才真正具有少女气质，玉兰则是少妇。黄灿灿的花呢，油菜花柔柔的却不弱，明亮热情得像多血质的小丫头，迎春花却总让我想到广场上“群魔乱舞”的花睡裙。不过也不尽然，把小小的六瓣的迎春花插在柳条里戴在女孩子的头上，就又两样了。

可是又有什么关系呢？迎春花说：“你们好吵哦！像少女还是像老太太关我什么事呢？”不管人类的好恶，它活着，照旧开一样的花。

那人类的瞎想就不用存在喽？没有瞎想，至少世界会无聊好多。

这个回答本身就是一段出色的描写。同样有比喻铺排，有优美的语言，因为有诚意，有只属于自己的独特联想，品质便迥然不同。“居然”的重复真切地传达出“惊诧”，迎春花的回答，则增添了童话般的俏皮，且多出一个有意味的视角。最后一段，巧妙地揭示出文学的“无用之用”：让世界变得有趣。描写有了这些作为底色，才不至于只有“壳”，没有“魂”。

这次课我原本打算用一课时完成，但第一课时结束时，学生的作业只讨论了三四则，而他们最感兴趣的，恰恰是这个环节。课后我询问学生的意见，他们说虽然前两个环节也来自他们的作业，但可以更简洁些，把更多的时间匀给描写片段的展示和讨论。我分析原因，可能是他们都认真完成了描写片段，希望能有机会做更多交流；比起前两个环节的“纸上谈兵”，他们更喜欢实践；名家的文字固然好，但同学的作业来自他们都熟悉的生活，读来更觉得亲切，写作基础和背景相似，讨论起来也更有收获。课在不该停的时候停住了，学生都觉得意犹未尽，这是一个很好的教学契机，因此我没有急于回到其他教学内容，又用了一节课继续讨论，最后一个环节的大部分内容，是在第二课时完成的。从学生课后对“迎春花”问题的持续关注来看，这样的调整是有效的，他们会把讨论所得延续到日常的观察与写作中去。而哪些内容可做减法，哪些内容可做加法，这次课也给了我一些启发。

学生的作业我课前基本通读了一遍，并记下一些关键词。这固然可以使我的评点更有针对性，让课堂讨论往我希望的方向集中，但也存在两个问题：第一，课堂上学生本就处于弱势，教师如此有备而来，使强弱对比更加鲜明。如果教师和学生在同一时间面对一个陌生文本，对话会更平等。第二，课前充分准备能让教师更有效地组织课堂，增加课的稳定性，但课堂即时生成、超出预设的那些内容，往往是更有创造性和启发性的。一堂课最精彩的部分一定来自学生，而非来自教师；一堂在碰撞中擦出光亮的不完美的课，比一堂完美地实现教师预设的课更有价值。从这个角度来说，教师将自己定位为一个真诚的倾听者、平等的对话者，即日常对话情境中的一个真实的“人”，而非胸有成竹的引领者，是更合适的：竹子应当笔直地、自由地向天空生长，而非按我们心中已有的竹的模样成长。

铸造那朵金蔷薇
——如何以阅读推动写作

语文教师可能都有这样的经验：学生和家长常常问一些大而不当的问题，比如，“怎样才能写好作文”，他们希望你用几分钟的时间，教他们一个简明的方法，从此他们可以行遍天下。

回答此类问题，也只需四字——“多读，多写”，与提问一样，笼而统之，几近于“正确的废话”。然而课堂却还得教师自己去面对，知易行难，如何读，如何写？读与写有没有可能结合起来？能不能带学生以阅读推动写作，或是因写作而拉动阅读？如果能将大问题分解成具体问题，再把具体问题设计成小型活动，较之“多读，多写”的笼统回答，这是否更能让学生得到实在的帮助？

水晶球里的白杨叶

从小学到高中的记叙文教学一直强调要有描写意识。其实，与掌握描写的技巧相比，更重要的是唤起描写的热情：培养对世界的热爱与好奇；不断练习自己的眼睛，培养敏锐的观察力；不断推敲自己的表达，培养出色的表达力；增加对世界的感受力、鉴赏力和想象力，增加自我的幸福感；更敏锐地观察，更出色地表达，最终形成良性循环。

这个写作的重要主题，不必急于以一两次活动完成，应当有意识地贯穿在阅读与写作教学中。

高一新生入学，已是秋天。教室后面的书柜里，静静地躺着帕乌斯托夫斯基的《金蔷薇》。这本以抒情而优美的文字、迷人的故事探讨写作问题的名著，如何才能走进学生的这个秋天？我摘取了金蔷薇的一瓣——《心灵的印痕》中的一段：

> 我久久地在野外徜徉，见到了许多秋天的特征。每天早晨，一个个水洼中像玻璃般透明的薄冰下面，可以看到好些气泡。有时这种气泡像是个水晶球，里边包着一片紫红色或者柠檬色的白杨或白桦的叶子。我总喜欢把冰敲碎，将这些冻僵了的叶子带回家去。没有多久，我的窗台上就积起了一堆这样的树叶。它们暖了起来，散发出一股酒精的气味。

俄罗斯的秋天，更像我们江南的冬天。帕乌斯托夫斯基以朴素、准确而充满美感的文字捕捉季节的特征：水晶球似的气泡，“里边包着一片紫红色或者柠檬色的白杨或白桦的叶子”；这些叶子在暖和的屋子里“暖了起来，散发出一股酒精的气味”。这是只属于他的独一无二的细节：没有真实的亲身经历，就不会有这样独特的细节。从小学到高中，学生曾写过许多关于秋天的文字，但那些文字不少都是通过阅读得来的间接经验，更像“好词好句”的拼贴整合，比如南飞的大雁，飘舞的落叶，金色的田野，农人收获的喜悦……实际上，许多学生连大雁到底长什么样都不知道。我要求学生“正心诚意”地观察、感受秋天，描述一个不会与他人雷同的秋天的细节。

学生的作业中呈现出不少这样的细节：

> 秋天，是从我的手指开始眷恋口袋的温度开始的。就算风未起，怕寒的我也凉了十指。是它们比我更早地接收了

秋的讯息。它们瑟缩在手心里，或者交叉在一起取暖，可最惬意的还是躲在口袋里，像是五只松鼠蜷缩在圆形树洞里过冬，好挤，好温暖，再也不想出来。

一闻，便知桂花谢了，那味道不如桂花糕那般浓郁，却像在一道菜中加几片桂皮，只添几丝暗香。

蒸熟的螃蟹是橙黄色的，这是秋天的颜色。虽然是蒸出来的，螃蟹壳上却是那么干燥，像秋天一样——秋风裹挟着水逃跑了。壳并不光滑，倒像被人捶了一拳，凹凸不平。

脚下“咔嚓”一声，清脆而利落。像刚出锅的金黄薯片被嚼碎，也如雪白纸张被裁剪。抬脚—— 一片枯黄的落叶碎裂。

坐在教室里往外看，两边都是树，秋天的阳光很高。你看，树顶有了一种耀眼的金属质感，热的，又像蜡烛上金黄的小火苗，直往上蹿。人对光与热分外迷恋，这时你便想长高好去摸摸那阳光。

课堂评讲时，发生了有趣的故事。一般我都会照录学生的文字，但有一则我做了修改，将“只起细微的作用”改为“只添几丝暗香”。我请学生讨论哪一种表述更好，较多的学生认同我的修改，认为原句是平实的说明，改句较优美，有文采，与描述的对象相称，风格也与前文保持了一致。有一位学生的回答颇为特别，得到同学们特别的关注与认同：两句各有缺点。他说一道菜中加入几片桂皮后，味道很浓，所以“暗香”“细微的作用”都不准确；平实或优美只是风格的差异，准确才是最重要的。这样的分析，中肯且关乎写作的本质。较之于教师笼统地强调描写应当如何如何，学生在写作实践与讨论思考中得出的结论显然更能深植于心，影响其日后的写作。

这样的观察和写作，还可以延伸至更广的世界。

“捕捉秋天的细节”之后，我问学生，有人曾这样说：“我们只要观察周围的一切，就会觉得自己是幸福的。”原因何在？学生给出了各种答案后，我带他们一起阅读英国作家吴尔夫的一篇读书随笔。这是吴尔夫阅读多萝西·华兹华斯（英国湖畔诗人威廉·华兹华斯的妹妹）的日记后写下的一篇印象记。多萝西迷醉于世界之美，也迷醉于将它们转成准确的文字。她这样描述乌鸦：“向远处望去，在阳光下飞翔的乌鸦变成了银白色；当它们向更远处飞时，就像水波荡漾似的在绿色的田野上滚动。”有时候，她躺在床上，仰望天花板，觉得那些上了油漆的屋梁“发出光泽，好像是在阳光下一条条冰封着的乌黑岩石”。它们“相互交叉，使我想起自己见过的一株浓荫覆顶、风雨剥蚀的大山毛榉树——它那枝柯交错、纷歧披离之状仿佛与这些屋梁近似”。

吴尔夫指出：由于经常练习、运用，多萝西的观察力与表达力磨炼得非常敏锐、纯熟。这想必也是吴尔夫本人的写作经验。这样的观察与写作也带给写作者强烈的幸福感。

> 她以发现者的热情、博物学家的细心、情人的狂喜探索它的特征，记下它的外貌，阐明它的与众不同之处。她终于占有了它——把它永远储存在自己的心灵之中了。从此，它便形成一个“内心的幻影”，她随时都可以清清楚楚、仔仔细细回想起来。即使多年以后，她老了，记忆力不好了，它还会袭上心头；它袭上她的心头，静定了，纯化了，并且与她生平中所有最幸福的回忆交错在一起了。它给她带来的，是无人可以给予，也是一般人与人的关系所无法提供的东

西——抚慰与安宁。[1]

在此基础上，吴尔夫猜想多萝西会这样总结自己的一生："我们只要观察周围的一切，就会觉得自己是幸福的。"支撑语言与技巧的，是观察与描写带给人的超出一时一地的幸福，人以此超越存在的有限性。此中境界，近似于英国诗人布莱克的名句："一沙一世界，一花一天堂。无限掌中置，刹那成永恒。"

在这样的"读—写—读"中，学生可能会形成这样的意识：积累自己独有的"内心的幻影"，为写作，更为生命。水晶球里的树叶由此具有了某种象征意义：你在广袤的原野上找到它们，将它们带回自己的房间，融入自己的生命，它们在你的珍爱中重获生机，又回馈给你美酒般的清醇，你的人生因此而回甘无穷。

一个土坑的漫长等待

以阅读推动写作，并非一定要依赖课外文本，熟悉的教材也可以成为取之不竭的源头活水。老舍的《想北平》与刘亮程的《今生今世的证据》，都将深沉的"家园之思"落实到具体而微的细节中。"雨后，韭菜叶上还往往带着雨时溅起的泥点。青菜摊子上的红红绿绿几乎有诗一般的美丽。"老舍借类似细节，为读者留住了那个早已消逝的田园诗般的旧日北平。在《今生今世的证据》中，这样的细节更是随处可见：破墙圈、墙角的烟道和锅头、泥皮上的烟垢和灰、朽在墙中的木头和铁钉、拴牛的榆木桩……作者以往的生活，附着于这些细小、琐碎、陈旧的事物。捕捉这些"记忆之物"，即为自己的生命留

① 吴尔夫. 书和画像 [M]. 刘炳善，译. 北京：生活·读书·新知三联书店，1994：304-305.

存“证据”。我请学生也尝试捕捉自己的“记忆之物”。具体要求如下：课文《今生今世的证据》第四段在“那是我曾有过的生活吗？”之后，以一组“我真的……”的追问，加深对以往生活的怀疑与生命的虚无感。我要求学生也以“我真的……”开头，写下一组排比句。如有乡村生活经验，可接续原文，追求和谐的整体效果；如无，则撷取自己以往的生活细节，具体而微、真实可感就好。

这些城市孩子，有不少曾在自己的祖辈家体验过乡村生活，即使时间不长，也往往留下了深刻的童年印记：

> 我真的看见过家门口有一口池塘？我顶着一茎碧绿的荷叶，感受耀眼的粼粼波光。
>
> 我真的见过那么大的雪？透过窗子，我看见屋檐上欲坠的冰凌，还有窗台上诱人的冻柿子。
>
> 我真的曾挡住一队鸭子？它们向左，我也向左；它们向右，我也向右。鸭子胡乱叫着，直到我被一只手拎住带回家。
>
> 我真的在刚翻过的松软的泥土上捕过青蛙？那调皮的小东西，有土一样的颜色和结实的后腿。
>
> 我真的攀爬过村后那个矮矮的山坡？坐在山头，将双手的污泥抹在袖口，享受君临天下般的快乐。
>
> 我真的站在田野中央，拿着一根破木棍，假装自己是指挥家，奏响大地的乐章，而那风儿、麦蒿似乎也很配合，像用梳子捋过一样前仰后合，发出音调不一的“呼呼”响声？

缺乏此类经验的学生，同样有属于自己的深刻的生命印记：

我真的曾在暴雨中踢球？在那枪炮般的雨中恣意奔跑？

我真的曾在夜色中登山？在清冷的夜里，带着耀眼的手电，冲向山顶。

我真的曾看到那样的日出？火焰般升起在地平线上，如此光辉壮丽。

有一位学生以一个具有梦幻感的细节，出色地表达出怀疑与虚无感，赢得了同学们“惊艳”的称赞：“我真的曾在梦中抚摸过庭下的昏暗灯光？”庭下的昏暗灯光，本就如梦似幻；“抚摸”灯光，似化虚为实，将梦幻般的灯光变得触手可及，但实际上灯光不可抚摸，因此只能是“在梦中”；人对梦的记忆往往并不真切，因此又有了“我真的曾如此”的疑问。整个句子似将水中月、镜中花置于梦中，呈现出“梦中梦”的层进式的变幻流动之美。

当学生以这样的细节留存温暖的童年（故乡）记忆或喷薄欲出的少年激情，追问“存在”时，他们读懂了《今生今世的证据》，也以自己的经验理解了“家园之思”这一人类永恒的主题。“月是故乡明”，“而那过去了的，就会成为亲切的怀念”这样的诗句，从要背要默的名句变成融入生命的真实体验。刘亮程感慨“当家园废失，我知道所有回家的脚步都已踏踏实实地迈上了虚无之途”。现实中，家园废失，童年不再，但我们用文字记录下过往，则可以对抗虚无，确认存在。文本的细读细解，写作中典型细节的选取，关于“存在”这一重大命题的思考，皆可在这一活动中综合呈现，不言自明。

汪曾祺回忆沈从文在国立西南联合大学任教时，曾给学生出过一个作文题——“记一间屋子里的空气”！汪曾祺想必对此印象殊深，因为多年后他还记得这个题目，而且难得地使用了一个惊叹号。这么奇怪的题目，当年的学生会怎么写？可惜汪曾祺未有记录。我一直希望能给学生出个类似的有想象空间的作文题。《今生今世的证据》中，作者描写打墙盖房后留下的土坑：“那些坑便一直在墙边等着，一年又一年，那时我就知道一个土坑漫长等待的是什么。”“一个土坑漫长等待的是什么？”我请学生结合自己对文章的理解，展开想象，写一段文字，回答这个问题。

在相似的流逝与轮回的主题下，学生填入不同的想象与细节，使土坑如此明丽生动，诗意盎然。最终一切归于沉寂，万物皆空，等待轮回，颇有佛理禅趣。或许学生的文字在色调上较原作多了些少年的明亮，但同样以散文的形式兼顾诗意与哲理，整体看还是比较一致的。

> 那个坑便一直在墙边等着，一年又一年，它等待着那一夜又一夜的满天星斗，它等待那傍晚的满天绯红。它瞧着那或高或矮的土墙，看着土墙一天天老去，等着它们填入自己的那一天；它瞧着那或慵懒或勤劳的人们，化为相似的尘土，没入时间的巨坑；它等待着新的锄头、新的榆木、新的孩子，也等待着曾经的鸡鸣、不停的大风，等待着它自己默默消逝，等待着和时光、万物一同变老。

> 它等待的或许是春天，是一群小孩子的欢声笑语，它心甘情愿做他们欢乐的载体。它能看见这世上最纯净的灵魂，仿佛世界也是如此洁白。它也能看见桃花满梢油菜黄，最欢喜不过，最完满不过。又或许它只是等待着重新被填满，任凭生命走成一个圆。它用它的头顶着人们奔波的脚印，听浮

世杂音，感参差百态。它宁愿记住一切，作为寂静的证明。

终有一日，人去楼空，而后永不停歇的风经过、抚过、撞过这高墙，将墙漂亮大气的棱角抹平，将墙伟岸笔挺的身子骨削去。一切自土坑中刨出来的它的心脏与血肉，又一点点“簌簌”响着还了回去。某一日，也许台风来临，也许骤雨忽至，土坑便欣喜地看着墙不堪重负地倒下去，又与它的身躯融为一体。最后，土坑——不，已是平地了，又静静地守在那里，等待下一个轮回。

有一位学生则抽去繁杂的细节，凝成一首小诗：

它在等待
最初的完整
岁月的轮回
往日一望无边的平原

这位学生跳出“土坑”，将视线延伸至广阔的平原。这样的诗思还可以启发我们接着想象：土坑在平原中，平原在大地上，大地在宇宙中，宇宙在……它们都在漫长地等待——等待什么？

应当说明的是，这类读写结合的活动，学生完成的质量有差异，不可能“速成”，少数学生或有“顿悟”，大部分则需要慢慢来。如有学生一直停滞不前，就需要我们耐心地与他对话，了解他具体的困难，寻求具有针对性的解决之道。比如，他觉得捕捉一个独有的秋天的细节很困难，那不如让他到秋日的校园里走走，停下来观察一棵树，看看树叶有几种颜色，想想如何准确地描述这些颜色；闭上眼睛触摸树干，感受其粗糙开裂、略带潮湿的表皮……当然，缺乏生活积累、没有阅读兴趣的学生，往往也不会“想”。

学写作，或许得从学习观察开始；而文学阅读，在某种意义上正是向作家学习如何观察、感受和描述，如何发掘平常生活中的不平常，最终获得一种非凡的能力：从尘世的沙土中筛取一粒粒金粉，铸成自己那朵熠熠生辉的金蔷薇。

乘着童心飞翔

——记一次绘本写作

培养和发展学生的想象力，是语文教学的重要任务。因为一个人如果缺乏想象力，只能复制别人的思想，甚至只能模仿别人的语言，没有任何自己的思维特点，那他就不可能有创造力，在未来社会中，也就难以立足。我在教学中注意到，许多学生的思维存在缺陷，特别表现在他们缺乏想象力，在写作方面尤其如此。很多高中生的记叙文一味平铺直叙，语言淡而无味，之所以写不好，主要原因在于缺乏想象力。这些学生总是埋怨没有东西可写，他们也不会虚构故事。究其原因，不外乎阅读量过低，阅读视野狭窄（特别是虚构文学作品看得过少），他们也没能从有限的阅读中有效地借鉴；同时，受应试作文模式的影响，他们只会简单模仿、复制。因为缺乏创造性思维，所以他们的作文也往往表现为“一窝蜂”。就说媒体津津乐道的所谓“高考佳作”，其中很多不过是“戏说经典”，胡侃一通，偶尔得到高分，经媒体宣传，引得在校学生群起效颦，几年时间，又成了套路。而年级越高，学生的想象力往往越差。很多时候，高中生记叙文写不过初中生，想象力甚至不如小学生。

语文学习，特别是写作教学，应适当地注意培养学生虚构的能力。没有“创意”，就会失去读者；在某种意义上，写作也就失去了价值。当然，培养学生的想象力，发展他们的创造性思维，并非只是写作教学的任务，它应当是语文教学的任务，是所有学科学习的任务，但是它在我们的作文教学中能够突出地体现出来，便于我们对学生的能力做出判断。这里，我就写作教学的一次尝试谈谈这个问题。

一

一些作文能力强的学生，在阅读方面往往有很强的包容性，视野开阔，想象的空间就大。我周围一些教师和学生对儿童读物始终保持着浓厚的兴趣，他们对新事物也永远保持着好奇心。那些儿童读物，特别是绘本，洋溢着纯真的童心和丰富的想象，令人遐思不已。曾读到一位同事为孩子写下的《小人国奇遇》，这位化学教师经常把孩子的奇思妙想记录下来。我读过之后发现，其中充满天真的童心和无垠的想象力，较之出色的儿童读物，它竟毫不逊色。我因此受到启发：如果让十六七岁的学生，尝试创作一个儿童故事，并配上一些画，结果会怎样？能唤回他们童年时代的一些回忆吗？能让他们恢复一些童心和想象力吗？

我这样设计作文方案。

先以《小人国奇遇》中的几个片段作引子，让学生体会儿童出色的想象力和创造力。接着讲述三个儿童绘本中的有趣故事（《猜猜我有多爱你》《爷爷一定有办法》《三个强盗》），并提醒他们在听故事时，注意儿童文学的两个特征。一是深入浅出，寓教于乐。儿童故事的主题往往很深刻，甚至关系到“人”之为“人”的基本命题，但它采用的却是浅显也好玩的故事形式。二是重复中的变化，单调中的丰富。这是儿童文学经常采用的叙事手法：在一个看似简单而重复的故事结构中，内涵逐渐展开和加深，使其具有广度和深度。

在这样的导入之后，我提出了作文要求：“请你也写一个儿童故事。故事可以很简单，很短小，不一定要强加进所谓深刻的内涵。但有两点必须注意：要有趣，要充分发挥你的想象力。因为有趣才能引起孩子的注意，而给孩子看的故事里应该有些出人意料的东西。当然，这个出人意料，最好是意料之外，情理之中的。请再为你的故事配些插图，多少都行。很多年后，你可以把这个作业给你的孩子看，告诉他你有多爱他：我在十六七岁的时候，就为你写了一个这么好玩的故事！”

我说完作文要求，有些学生微笑着陷入沉思，显然他们已经开始构思了，或许还想起了自己童年时的某些趣事。有些学生则紧皱眉头：这样一个看似简单好玩的任务，完成却不容易。还有些学生索性说出了自己的担心：在现在的学习环境里，童心早就消磨殆尽，写惯了未必真诚的长篇大论，再换一种思维，写一个简单的儿童故事，能写出来吗？再说，童心和想象力能恢复吗？仅凭一次训练，又能恢复多少？对于这类问题，我只说“先努力试试看吧”。

二

在等待学生交作业的这段时间，我颇有些忐忑。作业交上来的那天，我提着的心终于放下了。很多作业让人眼睛一亮，图文并茂，故事也吸引人。不少作业经过精心设计，以契合训练的主题：童心和想象力。只看形式，已经有许多惊喜：有学生用彩色笔为故事的每个字注了音，字体和大小时有变化，带来阅读的新鲜感。她说既然是写给孩子看的，就应该是注音本，这样便于孩子自己阅读。有学生写了《糖果的故事》，她在一张黑色的硬纸上粘贴了两个用彩色纸做的“糖果”，彩色纸上还细心地画上了图案，贴上了小纸片（见图2–1）。那纸片，像小芝麻粒一样可爱。从中间打开，是另一层彩色纸，再打开一层，才是故事——故事就这样静静地躺在美丽的糖纸下，带给我们糖果般的甜蜜。有学生把故事做成连环画的形式，有封面、封底，甚至还有前言和后记。怕订书钉刮伤孩子，有的就在纸页间穿孔，然后穿上柔软的毛线，再打上个美丽的蝴蝶结。有学生用左手写下整个故事，说这才像稚拙可爱的“儿童体”……用心灵手巧来形容这些学生，真是再合适不过了。这“灵”和“巧”，没有做作之气，反而流露出一派天真。那是久违的天真，是潜藏于心灵深处，容易被忽略和遗忘的，却至为珍贵的童心。

图2–1

比外观形式更吸引人的，是故事内容。故事的主人公千奇百怪，有豌豆、萝卜、苹果树、云朵、小虫、小鸟、小兔、鱼丸、棒棒糖、皮球、小枕头、冰箱……植物、动物、食品、玩具、日常用品、家电——大自然、日常生活中有生命和无生命的一切，都进入了他们的视野，成为富有情感和灵气的朋友、伙伴。主题丰富而深刻：亲情、友情、爱情……各种情感，构成广阔而深沉的感情世界；求知、旅行、探险，寻找真正的“我”，寻求生活的意义；描绘美丽和谐的自然、团结互助的动物大家庭，在童话中寻找现实中缺失的，或正在失去的某些秩序和价值；有些则完全是天真有趣的想象，仿佛是无所用心的故事，恰恰表现出故事最重要的本质——思维的乐趣、创造的乐趣，如《超级喷嚏》和《冰块像什么》，标题就足以引发想象。

这里我向读者推荐两篇。一篇为《豌豆的故事》（部分内容见图2–2）。学生把它设计成一本完整的小册子。全文用工整而略变形的字体手写而成，如“回家”的“回”字，变形为一个大圆中躺着一个小圆，正如同一粒豌豆回到了安适的家中。其他细节设计也都很精美。封面与封底构成故事的头尾。封二上写着给孩子的话：“这个故事，献给我的孩子。你们的妈妈从十六岁起就爱着你们！”封三为后记《故事背后的故事》，介绍写这个故事受到了哪些作品的启发；结尾部分尤为动人：“写完这个故事后，连我自己都陶醉在风中。暖暖的午后的阳光，天空中飘着海豚形的云，荡着翠色波浪的草地，远处缓缓转动着风车……希望读了这个童话，无论是你，还是豌豆，都能安静地沉醉在甜美的梦境中……”这样的语言，把读者也带入了一个翠绿的豌豆般清新美好的梦境。

这个故事的确如小豌豆般顽皮活泼而又清新美好。六个调皮的小豌豆被做成了妈妈颈上那串最美丽的项链。小册子里所画的那双温柔的小手，如白鸽合拢的翅膀，轻轻张开时，放飞的是最温暖、最珍贵的爱。童心和想象力，给故事注入了丰盈的诗意，承载的却是最简单质朴，也是最深沉的爱。

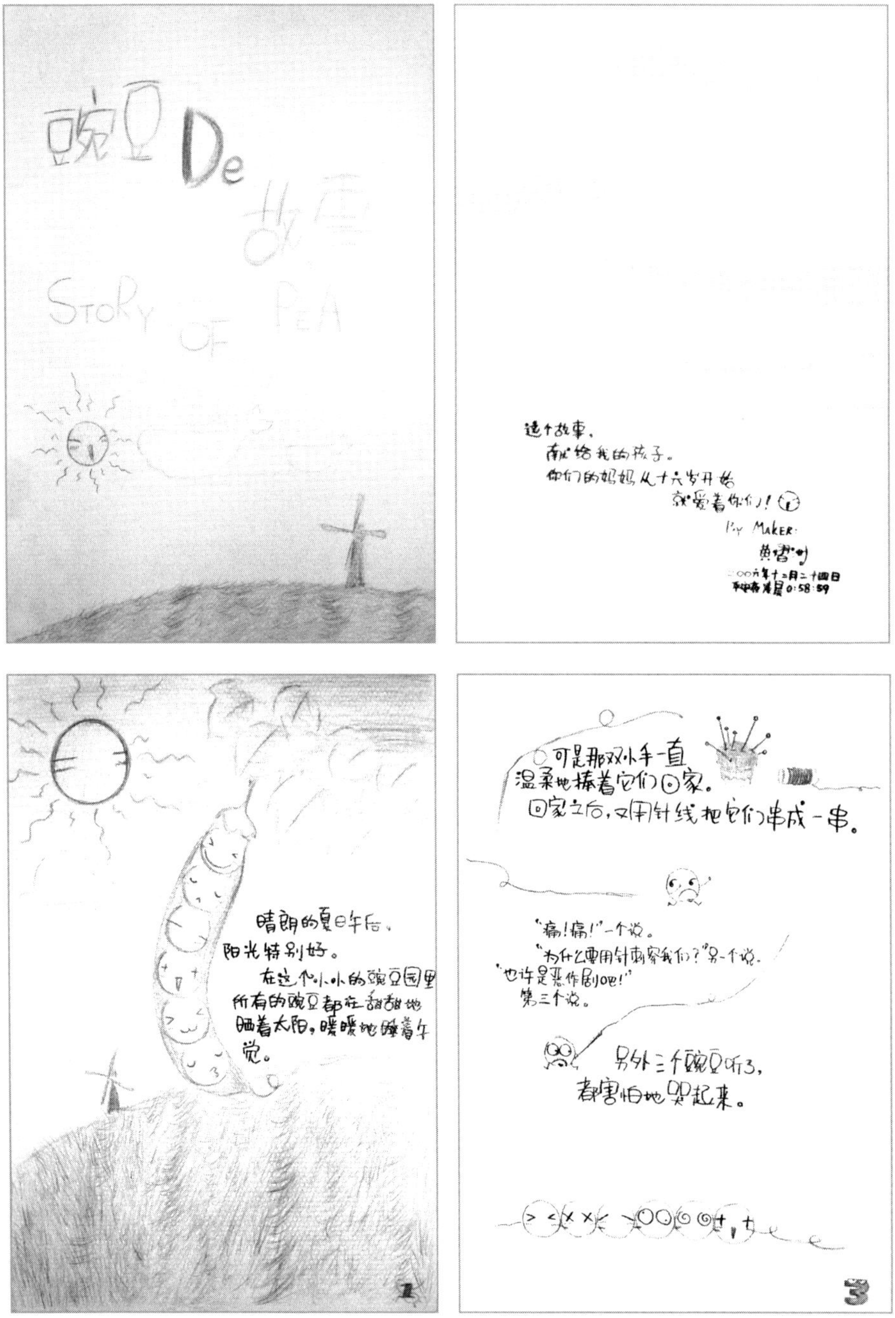
豌豆De故事
STORY OF PEA
这个故事，
献给我的孩子。
你们的妈妈从十六岁开始
就爱着你们！
By Maker:
二〇〇六年十二月二十四日
0:58:59
晴朗的夏日午后，
阳光特别好。
在这个小小的豌豆园里
所有的豌豆都在甜甜地
晒着太阳，暖暖地睡着午
觉。
可是那双小手一直
温柔地捧着它们回家。
回家之后，又用针线把它们串成一串。
“痛！痛！”一个说。
“为什么要用针刺穿我们？”另一个说。
“也许是恶作剧吧！”
第三个说。
另外三个豌豆听了，
都害怕地哭起来。
3

图2–2

另一篇为《猜猜我有多爱你》，将原故事中老兔子与小兔子简单而不断深入的对话，变成了宝宝与亲人们简单而不断丰富的多重对话（见图2–3）。先看故事——

> 今天，老师布置了一篇作文《猜猜我有多爱你》。这个……宝宝想了很久很久，不会写呢。宝宝问妈妈：“妈妈，你有多爱我呢？”妈妈在熬汤：“我爱你就像浓浓的鸡汤。”宝宝问爸爸：“爸爸，你有多爱我？”爸爸在看电视：“我爱你就像电视后面长长的线，伸到不知道到哪里的远方。”宝宝问外婆：“外婆，你有多爱我？”外婆在织毛衣：“嗯……我爱你就像卷卷毛线。”宝宝问爷爷：“爷爷，你有多爱我？”爷爷很惊讶：“现在的小孩子……我爱你就像烟斗里冒不完的烟。”这可真好，宝宝想。他问自己：“你有多爱我？”“我最爱的是你，最不爱的也是你。”

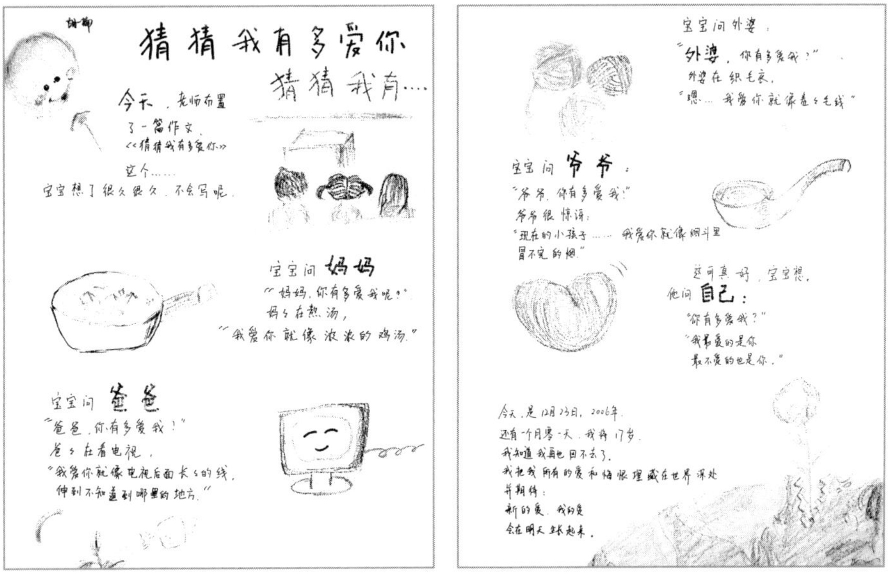

图2–3

这个故事为简单的爱设置了多重关系：母与子，父与子，祖与孙，还有宝宝和自己……比常见的亲情主题又多出了一重主题：宝宝未必自觉的自问自省的主题。这位学生还找到了多种喻体：鸡汤取其浓，电视线取其长，毛线取其弯曲缠绕，烟取其绵延。爱在多重关系中，获得了多种特征，变得厚重和深沉起来——爱，最简单，却又最复杂。随着对爱的理解的不断深入，宝宝也渐渐长大了。故事的最后，作者写下了这样一段话："今天，是12月23日，2006年。还有一个月零一天，我将17岁。我知道我再也回不去了。我把我所有的爱和悔恨埋藏在世界深处，并期待：新的爱，我的爱，会在明天生长起来。"

我在看学生的这些作业时，也没有了以往批改作文时的既定标准和程式，我觉得自己是在和一群富有情感的人对话，我为他们的爱心和诗情而激动，为他们的想象力而惊叹。我发现，一些平时作文选材单一、行文比较刻板的学生，这次作文都有了突破；特别是有些我认为缺乏想象力的学生，终于用这次作文吸引了我，或是写出个有趣的故事，或是学会了"意料之外，情理之中"。应当说，这次作文让每位学生都动足了脑筋。

阅读这些作业时，我的童心也被唤起。学生们乘着童心，展开想象之翅，开始了一段快乐的旅程——越过十年的时光，回到童年。而我则乘着他们的文字和图画，越过更久的时光，飞回了自己的童年。

保持自己未泯的童心，或找回已经丢失的童心，用辽阔而有趣的想象，超越平淡重复的现实和单调刻板的思想，无论是对正在成长的孩子，还是远离童年的成人，都有其不可替代的重要意义。教师在设计这类活动、阅读作业时，学生在创造作品、欣赏其他同学的作品时，都可以感受到创造的快乐、发现的惊喜。而于惊喜和快乐中找回的那些东西，正是我们自身，甚至整个民族最宝贵的精神资源；它们影响着我们的现在，还有未来。

三

我做了一次尝试，很幸运的是它成功了，这样的成功使我对培养和发展学生的想象力有了信心。当然，人的想象力未必是教出来的，教师要做的，是多给学生一些信心，多给学生一些空间，多给学生一些期待。

一些高中生经常在作文中“怀旧”。十六七岁的学生，刚刚步入青年时代，有什么“旧”可怀呢？我想，他们也许是怀念可以童言无忌、可以任意涂鸦、可以奇思异想而不担心别人嘲笑的那些时光，同时，也怀念幼儿园老师的宽容一笑……而现在，他们遏制了自己的想象力，压抑了想要创造的激情。在我们的作文教学中，有许多“程式”“章法”“训练点”“得分点”等，诚然，这些也是需要学习的技巧与规范；然而强调多了，它们就成了束缚学生思维的绳索。那么，就把学生原有的快乐还给他们吧！

我特意留心了一下开始时对这次作业感到为难的那些学生，他们的作业总的来说不错。如果这次作业是一次跳出现实的想象之旅，我希望这将成为他们日后无数次旅行的开始。这些旅行，较之我们的日常生活，也许恰恰是更重要的，更彰显人生的本质意义的。也许正是它们，组成了我们真正的人生之旅。

整理这些作业时，我注意到，女生的作业质量高于男生，文科班的作业质量又高于理科班。性别和学科的差异，导致了思维特点的差异。而就完成这份作业而言，更需要的是出色的形象思维，因此也就出现了作业质量的差别。这或许也可以给我们一些启发：在教育中，要注意培养学生不同的思维方式，尽可能地让他们兼具各种思维方法的优点，这对他们建立多重知识结构，提高综合素养、能力，跨学科、创造性地学习和工作，将大有裨益。而这，又是另一个大问题了。

选修课如何上出“选修味”
——以“鲁迅作品选读”为例

进入正题之前，首先要强调的是，比上出“选修味”更重要的，是上出这门课程该有的“味”，即这门课程的核心特征、核心价值等。比如“现代诗歌选读”“短篇小说选读”，首先考虑的应当是如何抓住现代诗歌、短篇小说的核心特征。选修课给了我们灵活的空间，上出与必修课不同的“选修味”，最终是为了更好地达成课程目标本身。无论是选修还是必修，这是根本目的。“鲁迅作品选读”最重要的“味”，应该是鲁迅其文其人所蕴含的独特的文学价值、精神气质。

“鲁迅作品选读”作为一门课程的背景如下：南京师范大学附属中学的校友钱理群老师在2004年3月和4月，回到母校开设了“鲁迅作品选读”的选修课，王栋生、倪峰、郝彧老师和我全程参与。钱老师带领我们一起编写了教材，即如今苏教版《鲁迅作品选读》的选修教材。后来我和郝彧老师合作，一起开设过这门选修课。

谈如何上，先要说说这门课程的定位。

鲁迅是一位原创性的，其文学成就放到世界范围内也毫不逊色的大家。正因为他的作品有极高的价值，因此他也就容易受到种种利用和误解。比如试图将他神圣化，在某种程度上却妖魔化了，正如鲁迅在《中国小说史略》里谈《三国演义》时曾说：“欲显刘备之长厚而似伪，状诸葛之多智而近妖。”抬得太高，会让人产生距离感以至怀疑。长期以来，我们对鲁迅作品的解读或上升到太大太高的主题，或纠缠于细节，解剖得支离破碎，使鲁迅作品成为学生“三怕”（“一怕文言文，二怕写作文，三怕周树人”）之一。

因此，开设这门课程时，我们对这样一些问题有充分的心理准备：学生对鲁迅有一定的了解，但这种了解是粗浅的（甚至可能是错误的）；社会上种种急功近利的实用主义、庸俗倾向，可能会对学生的阅读产生一定的影响；走近鲁迅，需要一定的阅历与深度，也需要一些缘分。我们这样定位课程目标：着眼于对学生潜移默化的长远影响，“播下一粒种子”，而不追求立竿见影的一时之效——教师有所讲，有所不讲；学生有所懂，有所不懂。走近鲁迅，近到什么程度，能否进入鲁迅的世界，留待学生日后慢慢去读，慢慢去想。

与必修课相比，选修课的优点是可以更灵活地采用各种方式来达成目标，这大概就是它不同于必修课的“选修味”。《鲁迅作品选读》教参对各专题给出的“教学建议”中，详细列出了适合该专题的学习方式。下面结合我们的教学做一点介绍，偏重于较为灵活有趣、体现“选修味”的实践。

一、诵读

诵读本是语文课最常用的方式。可以默读，也可以小声读，还可以放声朗读；可以独诵，也可以分角色朗读，还可以小组读，或全班齐读。读的方式，应当根据文本的特点和学生个人的读书习惯，做合理的选择。

这里我提出两点建议。

1. 关于默读。

最有效的方式，其实就是一个人静静地默读，把文本读进心里去：从字词句的细细品味，到全篇的整体把握。教师在平时的教学中也别忘了这点，课堂内和课堂外，都应该留出一点时间与空间给学生默读。

为什么要强调这点呢？想想我们自己是怎么读书的——一首自己非常喜欢的诗，也就是对着它，在心里默默地反复念几遍，很少会声情并茂、抑扬顿挫、摇头晃脑地高声朗读，这毕竟是非常态的。很多时候，表演式的朗读干扰了我们对作品的深入理解。

当然，如果有教师或学生确实读得好，也可以利用这个优势做些范读。鲁迅的有些作品，像《死火》《好的故事》等很适合朗读。但这个读不是表演式的、拿腔拿调的，关键是“走心”——用自己的心去贴近作者的心，也能走进听者的心。

在这一点上，钱理群老师做得非常出色。有学生曾这样描述钱老师的朗读：

> 钱老师有话剧演员的天赋，他的嗓音低沉而浑厚，即使不用麦克风，声音也可以灌满一个可容纳一百多人的大教室。
>
> 那不是一个优秀演员的投入性表演，而是一个激情燃烧者的自我呈现。听来不是如沐春风，而是如浴圣火。
>
> 他的声音确实有一种魔力，能对人产生“催眠效果”。每次听完他的课，我都有种感觉，好像从剧场里走出来。但我并不觉得他营造的精神世界不真实，而是觉得现实的世界太涣散了。
>
> 钱理群老师以苍老、浑厚的声音，在春日阳光漫漫的课堂中，把不再是神话人物和历史雕像的鲁迅与年轻学子们维系在一起。

2. 关于分角色朗读。

语文老师钟爱的这一朗读方式，效果不一定好，常把朗读变成“戏读”，把悲剧变成闹剧。我们往往责怪学生对严肃的作品缺乏敬重之心，因此才会屡屡“笑场”。其实不必苛责学生：试想每天在一起上课做题、吃饭打闹的同学，突然变成了祥林嫂，就像办公室里一个熟悉的同事，没有化妆，没有铺垫，突然变成祥林嫂，很难让观者立即进入作品的情境中。

还可以举个例子，教学《雷雨》时，我们整个年级做了这样的尝试：有些班级用几节课排练和演出《雷雨》选段，另外一些班级则通读《雷雨》全剧，包括意味深长却常被人有意无意忽略的序幕和尾声，再加上曹禺本人阐释《雷雨》的一篇序言。从教学效果看，后者更有助于学生全面深入地理解《雷雨》。

二、文本细读

鲁迅的作品内涵丰富，适合细读。教师可引导学生从文本具体的细微处入手。比如，抓住某一词语，体会它的准确性；琢磨某个句子，看作者是如何赋予其丰富内涵的；品味某种修辞手法的妙用、一个精彩细节的描述等。教师通过引导学生细读，逐步培养学生语言和思维的“敏感”。

这里要强调的是，“细读”要防止过细过深、牵强的“过度阐述”。学生从小到大常被要求探究鲁迅某个句子的深刻含义，那些答案，有的鲁迅本人也未必认同。

另外，我们可以尝试把文本细读和有趣的语文活动结合起来，以提高学生的兴趣。比如品味某种修辞手法的妙用，可把分析变成微写作。杭州的郭初阳老师讲比喻时，就曾以鲁迅的一句话作范例，要求初中生仿写。

我也还有记忆的，但是，零落得很。我自己觉得我的记忆好像被刀刮过了的鱼鳞，有些还留在身体上，有些是掉在水里了，将水一搅，有几片还会翻腾，闪烁，然而中间混着血丝……（鲁迅《忆韦素园君》）

我也还有记忆的，______得很，我自己觉得我的记忆好像______。

学生仿写如下：

我也还有记忆的，但是，清楚得很，我自己觉得我的记忆好像沙滩上的贝壳，放眼看去……

我也还有记忆的，但是，深刻得很，就好像刻在木头上的字……

我也还有记忆的，但是，单纯得很，好像印在脑海里，有些飞在天空中，散落……有些在坐滑梯……然而其中还掺杂着一些悲哀。

我借用了郭老师的这个设计，因为面对的是高中生，所以提高了要求：第二个空白处必须寻找一个新鲜而贴切的比喻，避免“熟”（如“夜空里的星星”“沙滩上的贝壳”等）—— 一“熟”易“俗”。续写的几句，应形成一个完整的意境（画面）。如宋代诗人刘克庄的《莺梭》：

掷柳迁乔太有情，交交时作弄机声。
洛阳三月花如锦，多少工夫织得成。

把黄莺比喻成织布机上的梭子，第一、二句写黄莺像穿梭一般在树木间飞鸣，第三、四句在这个比喻上继续推进，用一个很巧的追问，写出了整个洛阳的繁花似锦、春色满城。

这样的语文活动，不但可以帮助学生领会原作的精妙，还让原作的好引出自己的好：鲁迅的好原来和“我”不相关，他是他，“我”是“我”；现在有切实的联系了，他的好，能对“我”的写作有实际的帮助。更重要的是，在这个过程中，学生兴趣很浓，又充分参与，不再被动地接受鲁迅的好，而是主动地创造自己的好和饶有兴味地欣赏同学的好。

三、写作

在这门选修课中，我们特别强调了写作的意义。原因有二：

1. 与课堂讨论中的口头表达相比，诉诸书面文字的内容，必须进一步斟酌推敲。在这个过程中，情感的体验往往更为深入，思考也更为严密和完整。如朱光潜在《咬文嚼字》一文中所说：

> 文字上面有含糊，就显得思想还没有透彻，情感还没有凝练。咬文嚼字，在表面上像只是斟酌文字的分量，在实际上就是调整思想和情感。

2. 在课堂讨论中，学生更多地与老师、同学交流，而写作则使其更多地回归文本，与鲁迅、与自己对话，这在诸多对话中是最重要的。

教师可采用灵活多样的方式，将写作活动渗透到日常教学中。比如，可要求学生阅读作品时养成点评的习惯；将写作与某些具体作品的研读结合起来，如学完《五猖会》和《父亲的病》，可布置学生课后写《我和父亲》；也可在整个课程完成后，请学生写《我之鲁迅观》这类具有总结性的文字。所有写作，有真诚的情感和独到的见解就好，可长可短。

钱老师在课程结束后，曾把学生的作业整理出来，这里摘录几则，放在本文之后，供大家参考。

四、图文结合

鲁迅对美术有着很高的造诣，很多作品极富色彩感、形象感、画面感，许多艺术家也致力于用绘画的方式解读鲁迅的作品。钱老师抓住了这个特点，一方面在教材中选用了许多有关鲁迅作品的插图；另一方面在课堂教学中将图画与文本结合起来，两者相互印证和补充。

我在教学时还想到，是不是可以请学生自己动一动手？比如有些名家为鲁迅作品所配的插图，未必符合学生心中的某个人物的形象。而鲁迅作品的简洁冷峻，特别适合用版画去表现，鲁迅本人对版画也有特别的偏爱。可请学生尝试在美术老师的指导下，用自己人生的第一个版画作品诠释一下鲁迅笔下的某个人物。

如《彷徨·孤独者》中的魏连殳，可以看作是包括鲁迅本人在内的孤独者（异类）的代表，可请学生阅读下列语段。

《彷徨·孤独者》中的魏连殳：

原来他是一个短小瘦削的人，长方脸，蓬松的头发和浓黑的须眉占了一脸的小半，只见两眼在黑气里发光。

鲁迅给学生的第一印象（许广平的回忆）：

突然，一个黑影子投进教室来了，首先惹人注意的便是他那大约有两寸长的头发，粗而且硬，笔挺的竖立着，真当得“怒发冲冠”的一个“冲”字。一向以为这句话有点夸大，看到了这，也就恍然大悟了。褪色的暗绿夹袍，褪色的黑马褂，差不多打成一片。手弯上、衣身上许多补钉，则炫着异样的新鲜色彩，好似特制的花纹。皮鞋的四周也满是补钉。人又鹘落，常从讲坛跳上跳下，因此两膝盖的大补钉，也遮盖不住了。一句话说完：一团的黑。那补钉呢，就是黑夜的星星，特别熠眼耀人……

《晋书·阮籍传》中的阮籍：

籍虽不拘礼教，然发言玄远，口不臧否人物。性至孝，母终，正与人围棋，对者求止，籍留与决赌。既而饮酒二斗，举声一号，吐血数升……

籍又能为青白眼，见礼俗之士，以白眼对之。及嵇喜来吊，籍作白眼，喜不怿而退。喜弟康闻之，乃赍酒挟琴造焉，籍大悦，乃见青眼。

请学生反复阅读这几段文字，在完整地把握这类孤独者的气质后，尝试为魏连殳创作一幅版画。

五、表演鲁迅作品

钱老师在母校的选修课以一场晚会结束，学生以各种形式表演鲁迅作品。教材最后的“活动建议”介绍了这些形式：以“我与鲁迅”为题演讲，把《示众》改编成哑剧或舞剧，把《奔月》《孔乙己》改编成话剧，为鲁迅的旧体诗、《铸剑》中的歌谱曲并演唱等，将《秋夜》《夜颂》《秋夜纪游》三篇文章稍加编纂组成《夜之歌》并朗诵等。

最后我还想补充一点，选修课的“选修味”中，还可以有一点我们个人的味道、个人的特质，当然这个特质不能背离课程本身，恰恰是为了更好地凸显课程。比如钱理群老师讲鲁迅，他的苍老、苍凉、沧桑的声音，他的丰厚的人生阅历和学术背景，都是我们所不能及的。“我”讲鲁迅的优势是什么？这是我们必须思考和寻找的。

我曾经听一位老师解读鲁迅的《狂人日记》，他的有些说法很特别。他认为《狂人日记》里有一个近似《圣经》的结构，狂人其实是以救世主自居的：

> “要晓得将来是容不得吃人的人……”——这是末日审判。
>
> “狂人”明明是人，却以神自居，所以是狂人，其命运必然是悲剧性的。

我不一定认同他的解读，但“片面”的深刻往往胜于面面俱到的平庸：这样的解读，学生可以认同，也可以反对，但一定会留下深刻的印象。卡尔维诺曾这样谈论我们为什么要读经典：“‘你的’经典作品是这样一本书，它使你不能对它保持不闻不问，它帮助你在与它的关系中甚至在反对它的过程中确立你自己。”我们应当努力发掘自己的优势，从性情、阅历到知识储备等，让自己的课对学生也具有这样一种吸引力。

回到这门课本身，鲁迅作品的经典性也正在于此。我们可以反对他，但我们不能绕过他。无论是认同他，还是反对他，最终是为了确立我们自己，对学生，对教师自己，都是如此。

[附：部分学生作业]

我和父亲（一）

我在成长，早已成了一个他无法理解的人。我的追求他不明白，也不会懂得。但他是希望我好的，也许正是“幸福地度日，合理地做人”，他不能够，但他大胆地放手让我去闯，期待我去达到他所达不到的高度。只是，很可悲的是，他从未想过自己去飞，他甘愿做笼中之鸟，只求得生理上的安宁与满足，也许正如他自己所说，他是真的老了。

现在我更是难得回家了，外面世界的艰辛让我有所体会，每当最痛苦的时候，我就会禁不住跑到顶楼去看星空，然后思念那不能飞的鸟儿，从而获得起飞的力量。

这是我所希望也许正是他所希望的：踏上他的肩，飞过他的头顶，去过那更好、更充实的生活。

钱理群老师评语：你因为自己的成长，而发现和父亲关系的变化。童年时代心目中的“英雄”，突然露出了平庸或许是更真实可感的一面。但你仍希望父亲和自己一起飞，父亲却消磨了当年锐意进取的斗志，安于现状了，于是你感到父亲老了，自己要远离父亲继续高飞了。你依然在思念父亲中获得起飞的力量。你真切地写出了这些微妙而复杂，因而更加值得珍惜的情感，文章也格外动人。

我和父亲（二）

在我还小的时候，父亲便舍弃了这个原本幸福的家庭。

从家人的言谈中，我了解了一切。我对父亲有着一种不明不白的感情。说爱，他的所作所为不能让我去爱；说恨，又有哪个子女会彻头彻尾地恨自己的父亲呢？我矛盾。有时我总觉得命运不公，我连一个倾注所有情感去爱自己父亲的机会都没有。我与父亲的隔阂不像鲁迅与他父亲那般，我们之间就像陌生人。我和父亲几乎没话说，说也是尴尬的、不自如的，甚至我叫“爸爸”的时候，也是那样的涩。这尤其让我觉得悲哀。可我明白，父亲是爱我的，就在他离开那一刻也是爱我的，这种爱只会与日俱增。父亲总试图和我进行一次心与心的交流，他用真诚的、充满爱的眼神望着我，可我总是把心门关闭，不愿对他敞开。我心酸，想必父亲看了这些文字会很难过，可我要对父亲说，我是爱您的，只不过这份爱隐藏在我内心深处。每次看到父亲黑发间的白丝，每次和他拥抱时嗅到他身上浓浓的烟草味，我都会心疼。可是这种隔膜感使我连对他说一句关心的话的勇气也没有。其实，我们在不在一起不重要，只要我们每一个人都幸福。他离开了这段不愉快的婚姻，去寻找自己的幸福，我心里是很为他高兴的，只是这高兴里掺杂了些许苦涩的味道。每个人都为此付出了太大的代价，包括父亲自己。

钱理群老师评语：鲁迅描述和父亲的隔阂的文字，触动了你的隐痛，你却也因此获得审视内心世界的机会。我读的时候，眼睛都湿润了。真的，“每个人都为此付出了太大的代价，包括父亲”。我们也只能祈祷：愿每一个人经历了痛苦之后，都能找到自己的幸福！

我读鲁迅（一）

我常惊叹于他的作品中浓烈的色彩。最让我迷恋的是《死火》，那一句“使这冰谷，成红珊瑚色”，晶莹剔透中的鲜红，神秘而具有极强的撞击力。还有《复仇》，带有一丝血的味道和些微暴力的美，令人惊骇不已。

鲁迅很擅长对矛盾的思考，也很欣赏矛盾带来的美感。印象最深刻的是他描写凯绥·珂勒惠支的版画《凌辱》：在最残酷的苦难过后，“只见一路的野草都被蹂躏……较远之处，却站着可爱的小小的葵花”——那正是绝望与希望的共存。

我读《父亲的病》，父子间那种微妙的感情与对话，是极其难写的。读完以后，我把书合起，闭上双眼，深吸一口气，任亲情在内心翻滚。

鲁迅最能触动我的，是他对沉默的描写。那是一段浓黑的夜色中的生命体验，某些很静的夜里，我也曾体会过那内心夜色积淀的感觉。

我读鲁迅（二）

我第一次阅读《铸剑》时，曾惊讶于鲁迅对眉间尺被砍下的头颅的描写：“秀眉长眼，皓齿红唇。”如此美艳的头颅，却肩负着复仇的使命。而这种美又是建立在残破的肢体上的，正如废墟上盛开的鲜花，充溢着“恶之美”，不能不让人震惊。

复仇的主角是眉间尺，复仇的策划者与执行者却是另一个人——宴之敖者。鲁迅对他的描写是一个“黑”字。平心而论，这样的描写不能算很突出，古代多少侠义之士都是一身黑色的。直到看到文中“两点磷火一般”的眼光，读者才明白：这不是一双普通的眼，而是从地狱里来的眼；这不是普通的侠士，这分明是一位地狱来客。

进一步，在宴之敖者与眉间尺的对话中，我们发现，原来，这场复仇是将正义、侠义排斥在外的：“仗义、同情——我的心里全没有你所谓的这些，我只不过要给你复仇！”黑衣人所关心的，只是复仇本身。甚至，我们可以从黑衣人的语言中听出他对复仇的渴望，正如鲨鱼对血腥的敏感。这时再看他一身黑，似乎又有了一些神秘感。再配上他的冷峻的外表，“鸱鸮”一般的声音和那几支神秘的歌，我们似乎同样能感到一种诱惑力：对复仇本身的渴望，一种恶的力量。这两个人后来的表现是如此相像，使我们可以做出这样的假设：在某种意义上，黑衣人正是另一位眉间尺。

钱理群老师评语：这是真正的读书“心得”，它是你们自己的独特体味与理解，而且有深度，并自成一说，因而难能可贵。

辑三

另一种真实

经典与经验

“从经典到经验”

我每年的阅读中，有很大一部分是经典“重读”。什么样的作品堪称经典？卡尔维诺写过一篇《为什么读经典》，他对“经典”的定义相当经典，旁人很难超越。

他给出了十四条定义，在此摘录几条：

> 一、经典作品是那些你经常听人家说“我正在重读……”而不是“我正在读……”的书。
>
> 四、一部经典作品是一本每次重读都好像初读那样带来发现的书。
>
> 五、一部经典作品是一本即使我们初读也好像是在重温我们以前读过的东西的书。
>
> 六、一部经典作品是一本从不会耗尽它要向读者说的一切东西的书。
>
> 七、经典作品是这样一些书，它们带着以前的解释的特殊气氛走向我们，背后拖着它们经过文化或多种文化（或只是多种语言和风俗习惯）时留下的足迹。
>
> 十、一部经典作品是这样一个名称，它用于形容任何一本表现整个宇宙的书，一本与古代护身符不相上下的书。

这几条定义，我们可以借用茨威格论陀思妥耶夫斯基的“一和万有”，一言以蔽之。茨威格在《三大师》中这样写道：“巴尔扎克是社会的世界，狄更斯是家庭的世界，陀思妥耶夫斯基是一和万有的世界。”一部经典作品，正是“一和万有”的世界。

爱因斯坦曾经说过，世上只有两样东西可能是无止境的——宇宙，以及人类的愚蠢。在对“经典”做出如此经典的定义后，卡尔维诺像爱因斯坦一样洞察人性的弱点，他如此调侃：对那些总要求“有用”的人们，唯一可以列举出来讨他们欢心的理由是，读经典作品总比不读好。

如果我们严肃地讨论经典究竟是否“有用”，当然要先界定何为“用”。“用”，有一时之用和长远之用，更有无用之用。如试图在书中寻找黄金屋，或只强调立竿见影之捷径，四海皆准之通则，恐怕是要失望的。曾有人询问托尔斯泰的曾孙女，如果托尔斯泰回到当代世界，会做何感想？她的回答是，曾祖父可能会感到失望，他可能难以理解20世纪的大规模杀戮，会思考技术进步带给人类的究竟是福祉还是灾难。人们并没有从他的小说里汲取到真正的精神力量，并没有开始用不同的方式思考，也没有理解他减少暴力和战争的希望，经历了如此动荡的20世纪后，当代俄罗斯人对精神生活的兴趣也大大降低。

看来指望经典“有用”，只是迂阔书生的天真奢望。这样我们就可以把绝望作为起点，从东西方的先贤那里汲取力量。孔子有言：“朝闻道，夕死可矣。”卡尔维诺关于经典的长文，则援引了一个类似的故事收尾：“当毒药正在准备中的时候，苏格拉底正在用长笛练习一支曲调。‘这有什么用呢？’有人问他。‘至少我死前可以学习这支曲调。’”

这样一番看似无用的思辨之后，我们可以得出的结论是：经典当然要读，但不做不可战胜的愚蠢之人——“急功近利”，只求“实用”。同时我们也不妨思考：如何更好地帮助自己和他人战胜愚蠢，务实渐进？既然每部经典都是“一和万有”的世界，那我们就不必贪多，可在浩如烟海的经典里，寻找自己的为数不多，甚至少之又少的“经典”，细细阅读，慢慢体验，将其融入生命，转为自己的“经验”。于此，我们可以借用学者刘瑜的文章标题“从经典到经验”，寻找自己的经典。她在文中历数自己硬啃经典的痛苦经历，最后决定放下读经典炫耀于人的虚荣，不再从“死去的古代白人贵族男子视角”出发，而是从经验、从问题出发：“所以我的读书历程，基本上是一个不断从‘经典’堕落为‘经验’、从‘意识形态’下降为‘实证主义’的历程。不是说我对经典失去了好奇心，而是我希望引导我去读经典的，是问题，而不是餐桌上的虚荣心。”文章结尾处，她强调阅读的初心：

> 正如每个人的身体状况不同，因此需要补充的营养元素不同，我的阅读经验未必适合其他人。我想说的只是，在思考自己要读什么书之前，最好问问自己，我关心的到底是什么问题，因为只有真诚的问题意识才能将你引向真诚的阅读——阅读如此美好，任何功利心、虚荣心的杂质都是对它的玷污。

刘瑜的经验，我们也可以从先贤的智慧中找到出处：《论语》中说“古之学者为己，今之学者为人”，意在批评今之学者以知识装点门面，炫耀于人，主张如古之学者般完善自身，提升境界。两千多年前的《论语》，依然可以指引现实，再次证明了经典之“一和万有”。

我的“一和万有”

我的“一和万有”，有陀思妥耶夫斯基、托尔斯泰、黑塞等西方大家，也有先秦诸子、《红楼梦》等，还有不分古今中外的好诗。

限于篇幅，我打算集中谈一部作品《简·爱》。与陀思妥耶夫斯基大体量的作品相比，《简·爱》似乎轻盈了许多，实则轻重的关键在于如何读。少年时我更多地关注其中的爱情与自我成长的主题，中年时重读，则发现可从教育、殖民文化、宗教、女性主义等角度获得更丰富的滋养。

此前我读了傅国涌先生的书《新学记：中国现代教育起源八讲》(东方出版社 2018 年 8 月版)。傅国涌为我们梳理了中国现代教育起源，其中多处提及西方教育的影响，师人之长，得人之惠，多做肯定。如将《简·爱》与《新学记：中国现代教育起源八讲》互为参照，则可对西方教育有更全面、更鲜活的认识。小说中的劳渥德学校，为我们揭开了 19 世纪上半叶英国教育的一角。这所学校是慈善学校，小说却揭示出其不慈善的一面。但也是在这里，简·爱逐渐成长为一个有基本常识与独立见解的女性。这所并不完美的学校，以作者夏洛蒂·勃朗特曾就读的学校为原型，它为作者这样的穷牧师的女儿提供了基本的教育。小说中，简·爱曾在牧师圣约翰的安排下担任乡村女教师，教穷苦的农村女童阅读、书写、计算等。如果她跟随圣约翰前往东方，也有可能帮助圣约翰办学传教，成为东方现代教育开端的小小一环。

此处还可勾连其他作家作品，看看 20 世纪上半叶的西方教育。伊顿公学是今日中国家长们向往的世界名校之一，我们熟知的英国作家乔治·奥威尔却在《动物农庄》的序言中批评其为最昂贵和最势利的学校。家境贫穷的他靠奖学金考上伊顿公学，而帮助他获得奖学金的圣西普里安学校训练学生的方式——死记硬背，反复模拟操练，在今日中国之教育中仍时时可见。学校之冷酷势利，学生之攀比成风，让多年后的奥威尔写下《如此欢乐童年》，当然这里的“欢乐”是反语。获诺贝尔文学奖的瑞典诗人特朗斯特罗姆在《记忆看见我》中回顾了自己的中小学时代（1940年前后），当时体罚仍普遍存在，忘带课本就可能招致一连串的耳光。这位诗人这样描述学校带给自己的压抑感觉：“在整个学生时代，我尽力把学校和家庭两个世界给隔开。如果两个世界开始相互漏水，家就会遭受污染。我就会失去真正的避难所。直到如今，每当我听见‘家庭和学校配合’这个词，心就会猛地抽缩一下。”好在有图书馆和博物馆来弥补学校教育的不足，它们给了诗人自由驰骋的天地。看来西方教育产生于社会，植根于人性，必然也存在着诸多不足，有一个逐渐完善的过程。中国现代教育的起源与西方教育有千丝万缕的联系，后者走过的道路，正可供我们借鉴参考。

几年前重读《简·爱》时，我对小说中的圣约翰牧师产生了兴趣。这位雄心勃勃、信念坚定的传教士，离开英国前往印度，走上了一条“光荣的荆棘路”。关于圣约翰的命运，小说结尾一笔带过，并未具体描述：“他在巉岩和危险中工作，再没有比他更不屈不挠、更不知疲倦的先驱了。”

巧合的是，当时我读的另一本书——沈迦的《寻找·苏慧廉》（新星出版社2013年3月版），为我提供了续篇。传教士苏慧廉及其夫人路熙的故事，勾勒出圣约翰与简·爱可能的命运，只是时间要再往后推几十年（迟至1882年），地点则换成了更遥远的中国。与印度相比，中国这片土地对一百多年前的英国人而言，更显得陌生而神秘。为什么是中国？与苏慧廉同时代、在中国最广为人知的传教士李提摩太的回答是：“中国是非基督教国家中最文明的一个。只要中国人皈依了基督教，他们就可以帮助将福音传到不发达的国家去。”但苏慧廉最初的想法则不同，他向往的传教地是“除了中国”。但一旦被选中，苏慧廉就义无反顾地接受了这一命运。一百多年后，一位来自温州的中国人，决意寻访苏慧廉的踪迹，寻访与写作历时六年，成稿三十多万字，几经删减，得书一册，为我们讲述了一个同样不能带来现世利益的故事。巧合的是，这本《寻找·苏慧廉》也在《新学记：中国现代教育起源八讲》的参考书目中，为《新学记：中国现代教育起源八讲》提供了一个传播文明的理想范例。

当然，这类文明的传播，并非一片光明，无疑会有批评、质疑、冲突。我们不能忽视和回避的一个重要背景，即殖民问题。《简·爱》中罗切斯特的疯妻子伯莎，来自英国当时的殖民地西印度群岛。老罗切斯特决意让长子继承家产，以保持产业的完整。在父亲的安排下，作为次子，罗切斯特结识了当时精神还正常且美貌非凡的伯莎，通过与她联姻获得了三万英镑。我们应该记得，简·爱在罗切斯特家担任家庭教师，年薪仅为30英镑。最后，简直是“天上掉馅饼”，简·爱继承了叔叔的遗产，共计两万英镑。她要工作600多年，才能挣到这笔巨款！这个大馅饼使得简·爱不必经过坟墓站在上帝面前，才与罗切斯特实现平等。在现实的人世间，她作为一个有资产的独立女性，与损失了财产又失去了视力的罗切斯特不仅实现了平等，甚至还反过来成为一个施与者，尽管这施与是以爱情的方式完成的。这个大馅饼，因简·爱的慷慨无私，一分为四，还顺便解决了圣约翰与两位妹妹的经济问题。这个大馅饼其实不是天上掉下来的，它来自遥远的东方——简·爱的叔叔，圣约翰兄妹的舅舅，简·爱是在殖民地马德拉斯群岛获得了他的财产。同样来自殖民地的疯妻子伯莎，则在火烧桑菲尔德庄园时摔死，不再成为罗切斯特再婚的阻碍。这场大火也让罗切斯特摔伤致残，财产受损，成为一个需要他人帮助的弱者。作为资本主义强国的一个普通女性，简·爱最后的幸福，部分地建立在殖民的基础上，这样说来，当是可以成立的。

以“东方主义”批评西方殖民文化而为人们熟知的萨义德，在一次访谈中说：“殖民主义和帝国主义对我来说不是抽象，而是特殊的经验和生命的形式，具有几乎不堪忍受的具体感。”种种具体的生命经验，造成他一生的流亡感、疏离感，他的回忆录，以“格格不入”命名。英国在对印度殖民统治近200年后撤出，留下无穷后患，1947年印巴仓促“分治”，据估计，短短几个月内，1200万人逃亡，100万人死亡，10万名妇女被掳拐。几十年后，布塔利亚·乌瓦什以口述史的形式，记录下大苦难背景下小人物的悲惨命运，结集为《沉默的另一面》，让十多年前我的一个暑假冰冷彻骨。与该书同属人民文学出版社“猫头鹰学术译丛”的《拉丁美洲被切开的血管》，以翔实的史料、生动的叙述，展现出拉丁美洲在几个世纪的殖民统治下的累累伤痕与斑斑血迹。这种伤害，体现地在各个层面，延续至今。

是经济和文化的双重剥夺，还是文明的传播交融、经济的合作共赢？利、力、义交织纠缠，复杂难解。大卫·里恩执导的电影《印度之行》改编自福斯特的同名小说，以一次旅行、一个案件出色地呈现出这种复杂：英国少女阿德拉到印度探望未婚夫，得到当地医生阿齐兹的热情接待，然而一次突发事件改变了两人的命运。电影中，英国人的立场、性格、行为方式虽各不相同，但总体来说仍是居高临下的；电影结尾处，有过剧烈冲突的印度人与英国人达成谅解。有意思的是，原著中，这种谅解并未出现。小说发表于1924年，电影则拍摄于1983—1984年，60年的时间跨度，形成颇有意味的差异。可以为小说提供注脚的，是奥威尔的亲身经历。在《动物农庄》的序言中，奥威尔提及自己作为殖民警察的一段经历。不满20岁的他，参加印度皇家警察部队去了缅甸。在那里的五年服役，让他“痛恨帝国主义”。奥威尔还曾写下《射象》《行刑》两篇散文，记录“以强凌弱”带给自己的巨大痛苦。1927年，他决定辞职当作家。鲁迅因国家之“弱”而弃医从文，此处奥威尔则因国家之“强”弃武从文，相同的，是对小到个人，大到种族、国家平等之“大义”的向往。

充满了愤怒和悲伤的《拉丁美洲被切开的血管》，后记却以这样的期望结尾：“在人类历史中，任何破坏性的行为，早晚都会导致创造性的行为。”但愿对这段历史多层面、多角度的呈现与思考，能更多地转为创造性的行为，让今天仍冲突不断、流血不止的世界变好一点。

《简·爱》中另有一个值得关注的话题：女性的独立与成长。结合简·爱的命运，这个主题不难理解。除主人公简·爱以外，罗切斯特的疯妻子伯莎引起了女性主义者的广泛关注。有学者认为这位“顶楼上的疯女人”代表了简·爱心灵中隐蔽的、愤怒的、疯狂的一面，她与简·爱同为受男性压迫的姐妹。20 世纪有一位出色的女作家简·里斯，想象伯莎的故事，写下了小说《藻海无边：〈简·爱〉前篇》（上海译文出版社 1995 年版）（另有译本为人民文学出版社的《苍海茫茫》），文笔之优美、故事之扣人心弦不亚于原著，是众多名著的前传或续篇中难得的杰作。此处引用一段，为伯莎纵火前的梦境，有浓郁的诗意和强烈的画面感，另有一种尖锐的痛楚贯穿其中，使充满诗情画意的景致在火焰中燃烧欲倾，暗示出人物的疯狂与迷失、故事的悲剧结局。作者驾驭文字的功力可见一斑。

> 后来我回头看看天。天空一片红，我整个一生都在这里面了。我看见了那座落地大钟，柯拉姨妈的拼花床罩，五颜六色都有。我看见了兰花，千金子藤花，茉莉花，还有生命树，都在熊熊烈火中。我看见了枝形烛架，楼下的红地毯，还有竹子，桫椤，金蕨啊，银蕨啊，还有花园围墙上那层天鹅绒般柔软的青苔。我看见了我小时的玩偶屋子，书和《磨坊主的女儿》那幅画。我听见了鹦鹉像平时见到生人时那样叫着，那个恨我的男人也在叫着，伯莎！伯莎！风刮着我的头发，刮得头发像翅膀似的飞扬……
>
> （陈良廷 刘文澜 译）

这样的延伸阅读，与原著构成有意味的对照，也加深和丰富了我们对原著的理解。

我曾多次提及自己对陀思妥耶夫斯基的作品中“善人”（“圣人”）系列的迷恋。《简·爱》中，也有一个人物可以归属该系列——简·爱童年时的伙伴海伦。这个拥有超越年龄的平静、超脱和自我牺牲精神的女孩，认为简·爱把自我和此世的得失、恩怨、是非看得太重，温和地提醒她，还有一个神灵的世界在守护她们，一个永恒的世界在等待她们。女性作家的杰出代表吴尔夫曾指出《简·爱》的局限：“夏洛蒂写作时，总是带着雄辩、光彩和激情说道：‘我爱’，‘我恨’，‘我受苦’。”海伦的这个视角，平衡了简·爱的自我中心，将她引向一个更高的精神境界，这个精神境界是与宗教结合在一起的。托尔斯泰的《安娜·卡列尼娜》中，也有一个类似的人物——华仑加。吉娣因与伏伦斯基恋爱受挫，来到某个疗养地疗伤，遇见了朴实亲切、毫不虚荣的华仑加，被她深深吸引。吉娣为自己的恋爱失败感到丢脸和委屈，华仑加同情和理解她，同时也坦率地说明自己的态度：“哎，要是大家都像您一样感情脆弱，那还得了！这种事没有一个姑娘没有经历过。何况这一切又都是无关紧要的。”吉娣大为吃惊，追问什么才是要紧的事。从不雄辩滔滔的华仑加没有回答她，而是通过自己的日常行为，为吉娣展现了一个崭新的世界。

> 这个世界同她过去所经历的截然不同。这是一个崇高而美丽的世界，从它的高处可以冷静地观察往事。在吉娣面前，除了她至今一直沉沦的本能生活之外，又出现了精神生活。这种生活是宗教所开辟的，但这种宗教同吉娣从小熟悉的宗教，同在寡妇院（那里常可以遇到熟人）举行弥撒和通宵礼拜时，在跟牧师一起背诵斯拉夫经文时所表现的宗教，毫无共同之处。这是一种崇高、神秘、同美好的思想感情有

联系的宗教。

吉娣从华仑加身上认识到一种理想人格："一个人只要能忘我，热爱别人，就能心安理得，幸福康宁。"她以此为目标努力，虽然最终失败了，但也因此摆脱了自怜和忧郁的心境，恢复了健康和平静。

苏教版高中语文读本中收录了许地山的《缀网劳蛛》，主人公尚洁虽然处于被侮辱、被损害的境地，但她总是随遇而安，以坚韧和超脱面对苦难。这种人生态度与当时许多遭遇类似命运的中国女性，如鲁迅笔下的祥林嫂，曹禺笔下的周繁漪、鲁侍萍，巴金笔下的梅表姐等截然不同，学生难以理解。如果注意到尚洁的宗教信仰，联系学生熟悉的名著《简·爱》中的海伦、《安娜·卡列尼娜》中的华仑加，应当能帮助他们理解这一人物，并从看似消极柔弱的人生态度中，看到一种积极有为：网破了，依然努力地去补缀，这就是人的本分，近于叶嘉莹所说的"弱德之美"，其中自有道德和持守。

《简·爱》多次被翻拍成电影或电视剧，据说有18部之多，充分说明这部小说并未过时。吴尔夫这样称赞这部有着鲜明的个人特征和局限性的小说：

> 当我们又一次打开了《简·爱》，心里禁不住犯疑：她用自己的想象所创造出来的会不会只是一个陈旧的、过时的、维多利亚中期的世界，就像荒原上的那座牧师住宅，只有好事者才去参观，只有虔诚者才会保存呢？我们就是抱着这种心情打开《简·爱》的。可是，读了两页，一切疑虑都一扫而光了。

对于阅读，少而精，胜于贪多而无所用心，这几乎已成常识。一部看似轻盈狭窄的19世纪的女性小说，也可如"半亩方塘一鉴开，天光云影共徘徊”。我曾这样引导学生进行阅读：从一本书，到一个作家、一个主题，再走向相关的另一些作家、另一些作品，最终形成自己的阅读体系和精神谱系，就如同从一棵树到一片树林，树林所在的广袤的原野，原野上的天空……回顾我自己的阅读，大概也是如此，从一个原点出发，逐渐寻找到自己的“一和万有”。

跟随命运之手

家里放书的空间实在有限，所以我现在很少购买新书。这里还有一个时间成本的考虑：新书中能成为经典的毕竟不多，与其花时间去沙里淘金，不如直接读经典。这样或许会错失不少好书，但总体看还是“合算”的，虽然用“合算”去估量阅读的价值不一定合适。

新书的阅读，我一般是随性地跟随命运之手。《世界文学》是专门译介外国文学的老牌杂志，前些年出过一些有特色的外国文学选本，如《水怎样开始演奏——〈世界文学〉50年诗歌精选》《偷听谈话的妙趣——〈世界文学〉50年散文精选》（译林出版社2006年版）；《小说中的小说——〈世界文学〉短篇小说精选》，分亚非美洲卷和欧洲卷（译林出版社2010年版）；《大海与撒丁岛——〈世界文学〉地理散文集粹》《再见了，马拉卡纳——〈世界文学〉地理小说集粹》（人民文学出版社2007年版）。最近我偶遇“灯塔书系”（中信出版集团出版），这是《世界文学》推出的选本，该书系包含四卷：诗歌卷《我歌唱的理由》，散文卷《青年到此为止》，小说卷《在中途换飞机的时候》（以“爱”为主题），小说卷《西西里柠檬》（以“孤独”为主题）。书系名称源于西班牙作家安娜·玛丽亚·玛图特的一段话：“我的全部身心义无反顾地投入到这件事，日后我方才知晓，它便叫作文学。而它成为，至今仍然是拯救我于人生中诸多狂风暴雨的灯塔。”

在诗歌阅读中，我喜欢汪洋恣肆的惠特曼，也迷恋狄金森、辛波斯卡等女诗人，她们的诗歌题材、风格各异，但总体传达出一种相似的迷人气质，细腻而深邃，日复一日向晶莹的内心开掘，终于如林贤治先生所说，“出现了令人惊叹的精神奇迹：湖比海深”。沉静心湖，时有活泼俏皮的浪花，绝非枯寂死水。也有女诗人，本身就具有粗犷的气质，作品如万里黄河，泥沙俱下，带来别样的感受，如《我歌唱的理由》中收录的金·阿多尼兹奥的诗作。这位美国女诗人被称为“美国最刺激、最尖锐的诗人之一”，她大胆地书写酒吧、爵士乐、朝生暮死的爱情、女人的身体、男人的身体、失恋之痛，但最终抵达的依然是灵魂。这使她的写作高出一般的“身体写作”，正如译者梁余晶所概括：是最贴近灵魂的身体独白。比如这首《跳舞》[①]，提出了一个尖锐的现实问题：男权社会中女性的物化、异化和迷失。

跳舞

当你最终能魔法般地把自己克隆成
若干个一模一样的女人，
就能让每一个走向一个男人
他已等候多时
为了第一次的接近，也许还有下一次，
那样你不觉得开心吗?
所有的你聚集在一间亮堂堂的舞厅，
…………
镜面球上发出的光
碎裂在你皮肤上，像你的亮片裙

① 里尔克，等. 我歌唱的理由 [M]. 冯至，等译. 北京：中信出版集团，2018：291-292.

一样灿若星辰，你感到
空前绝后的圆满，
沿着你所有真实美丽的人生前进，
而现实的那一个则逐渐暗淡。

2018年10月，我读到这样一条新闻：“韩国是公认的整形大国，但现在越来越多的女性开始抗拒‘苛刻统一’的审美标准。英国《每日电讯报》20日称，自称‘美丽抗拒者’的韩国女性团体日前在社交媒体上发声，谴责韩国男权社会给女性施加了巨大压力——在韩国，女性越美丽，事业和婚姻的成功率越高。”它为这首诗提供了一个现实的注脚。寻找自我的路如此漫长，从《简·爱》中的“我们是平等的”，到吴尔夫的“一间自己的房间”，再到韩国女性的集体发声，我们依然在路上。

《在中途换飞机的时候》是一个以“爱”为主题的小说选本。中学开设选修课，会有“外国小说欣赏”一类课程，选编小说时或按国别，或按时代，或按流派。如按主题，往往是几个甚至十多个主题构成一个学期的课程。这个选本给了我一个启发：可用一个学期集中讲“爱”的主题，多角度阐释“爱”作为人类永恒情感的复杂性与多样性，展示同一主题的不同讲述方式、表现手法。这个选本中多有名家，如霍桑、黑塞、皮兰德娄等，正好又可以带学生亲近经典——学生读完中短篇小说后，如有兴趣，可进而阅读长篇小说（皮兰德娄更为人关注的是戏剧作品），找到自己的“一和万有”。如黑塞的《伊莉丝》，爱情故事中隐藏的依然是他一生迷恋的主题：自我的迷失与追寻——如何在短暂的一生中达到和谐完满的精神境界。《伊莉丝》中出色的象征、优美的文笔、浓郁的诗情、深刻的心理分析等，几乎贯穿了他所有小说的创作。如果以此作为起点，走向《在轮下》《悉达多》《荒原狼》《玻璃球游戏》等长篇小说，我们就能找到一个可时时流连的自己的秘密花园。

这个选本的同名小说，安德烈·莫洛亚的《在中途换飞机的时候》（罗新璋译），几年前我曾带高二的学生一起阅读过。我请学生在读完小说后完成这样几个任务：

1. 抄录你觉得最精彩的几段话。

2. 说说你对小说中这段话的理解。

> “不要这样挖苦自己，”他说，“自我解嘲，总意味着心有不甘。拿来对待应该相爱的人，就会伤害感情……是的……那就严重了。解救的办法，在于对男人真的非常温存，非常宽厚。几乎所有人都那么不幸……”

3. 注意小说中彼得的这些特征：

> 彼得心地善良，望之俨然，彼此虽然陌生，心里却很泰然。他并没拿出先知或传道的架势，不，完全不是这样。他平易近人，毫不做作。我出语滑稽，他就哈哈大笑。能感到他直截了当，有种严肃的生活态度，这是世界上最难能可贵的……是的，正是这样……直截了当，严肃的生活态度……这意思，你明白吧？大多数人，是所说非所想，说话都带弦外之音。表露出来的想法，往往遮掩着另一种想法，那是讳莫如深，不愿别人知道的……要不然，就是不假思索，信口开河。彼得的为人，颇像托尔斯泰作品中的某些人物，说话能鞭辟入里。

你在托尔斯泰、陀思妥耶夫斯基、契诃夫的作品中遇见过这样的人物吗？或者在其他作品或生活中接触过类似的人物吗？请举一二并略加描述。

4. 小说中彼得这样提醒女主人公：

> 我能做的，就是提醒你，照我看来，想必也是你的看法，注意最根本的方面，向你提问："你是否有把握，这样做不至于扼杀你身上最美好的东西？"

你身上最美好的东西是什么？

如何尽可能完好地保留它、实现它？

对此，我的回答是：对美（尤其是文学之美）的敏感度、鉴赏力略好些。

教师身份，使我原本单薄的生命获得了些许意义和力量：我希望能在伟大的作品与年轻、纯洁、庄重的灵魂间架起桥梁。而这些年轻、纯洁、庄重的灵魂也许又会将美传递给更多的灵魂，无论那些灵魂是否还年轻，还纯洁，还庄重。"所有的人都是不幸的"，但一旦能深刻地感知美，我们就能获得幸福——幸福归根结底来自自己心灵的力量。

你的回答是什么？

5. 你的生命中，也有这样的时刻吗？在______，曾经发生过__________。

可能并没有这样一个浪漫的故事，只有你与自然或某部杰作，或者只是你与自我静静相守，对话，但有些最重要的变化发生了。也许这就是你一生中至为重要的时刻。

请写下它。注意叙述中应当有理：严肃的思考；应当有情：真诚质朴的心。这些又自然地贯穿在流畅生动的叙述中。

很有可能，你在十多年的生命中还未曾遇见这样的时刻，尝试着想象它，主人公可以是未来的你，你也可以虚构一个人物。——这个人物是他（她），是你，是我，是我们所有的“人”。

写完后，请推敲一个有些情致、引人想象的标题。可以用“在______”的格式，也可以另拟标题。不少于800字。

6. 可能的话，请家人也读一读这个故事，并分享一下阅读心得。他们的阅历与思考，也许会带给你不一样的启示。

这次阅读和写作给学生留下了深刻的印象。日后在人生的重要关口，他们或许会记起“不要扼杀你身上最美好的东西”的忠告，从而做出正确的选择。《在中途换飞机的时候》结尾这样写道：

> “这倒有点像古代传奇，”我说，“神仙扮作叫花子或方外人，来到人间……但说穿了，玛姗尔，那陌生人并没使你有多大改变，你后来还不是嫁了郝诺，而郝诺，只不过是异名异姓的贾克罢了。”
>
> 她出神想了一会，说道：
>
> “可不是！人的禀性真是难移，但是总可以变好一点吧。”

人性复杂，世事无常，有些东西难以把握，更难以改变，但“总可以变好一点”吧。“总可以变好一点”，也成为我和学生熟悉的“典故”、互勉的暗语。

“我的心因善良而高贵”

苏教版高二的语文课本中，有一道半命题作文题：“我的心因……而高贵”。连续几届，学生都有以“我的心因阅读而高贵”为题的佳作。无疑，这也是所有热爱和倡导阅读的语文老师偏好的主题。

近期，我读到一篇特别的作文，促使我对这一主题进行新的思考。有一位学生的作文以“我的心因善良而高贵”为题，开篇很特别：

首先解释一下这个自恋的标题，我当然不是说我的心善良，而是说我的心如果善良就会高贵，或者说只能因善良而高贵。

接着，她回忆起自己小学时的一个小小善念。这善念本微不足道，当时的班主任张老师却大为感动，多次表扬，并记之成文。

她写关于自己年幼时的“善良”的回忆，目的却在于引出后面的反思。

多年之后，我一次又一次写到“高贵”这个词。我们写小说、童话，写浪漫的词句、意识流的文字；我们把自己从敝帚自珍的孩子写成了苍茫天地之间的旅人；我们“寻找家园”，用各种意象描绘自己的心之所向，比如我说过那是“怀抱着的星球，是云，是苹果，是一颗小星星，是冷冽的火和烫人的冰”。我们一头栽进自己的心里，不断赞颂其中的挣扎；我们时而又超然物外，偶开天眼审视着自己的浪漫。我们自己定义了高贵，然后以此孤芳自赏。我们觉得有了莫扎特的曲、高更的画、陀思妥耶夫斯基的书就是高贵；我们觉得有了康德的理性、牛顿的理性、门捷列夫的理性就是高贵；我们觉得举头望月，连接了大自然，这就是高贵。毕竟，前面说过，美德即知识。然后我把自己压得越来越小，“高贵”这个词因为谈得太多而廉价且毫无意义。我用各种“读书人的暗语”，把不理性的善良打压得一无是处。

如果我现在见到张老师，会愧对她给我的所有夸奖。她用这些我当不起的夸奖强迫我记住：最根本的善良，也许只是一点点同情，一点点能够让别人也感动的东西。

高贵与否不在于读过多少书，而在于当你难过时，我能否感同身受。人心只因善良而高贵。

而我真的不如七年前的自己。

这个结尾让我沉思许久。我所任教的学校，是家长们向往的名校，学生是同龄人中的佼佼者。他们擅长得体而深刻地谈论各种“高贵”的话题，引经据典，文采斐然。如果要让这“高贵”内化为真正的教养，外显为日常的言行举止，则必须艰难而持久地付出一生的努力。大多数人谈论“高贵”，更像是一种装饰，一种必不可少的标志。

我回复这位学生说：

从“多年之后”这一段中，我看到了自己的影子，看到了“我们”这一类人。让我们都记着最初的天真与善良。让“美好而神圣的回忆”救赎自己。

如你所说，善良本质上与读了多少书无关。但我还是希望书里的善良能浸润心灵，就如同你的这篇作文，能让人的心柔软善良。

谢谢你。

“美好而神圣的回忆”，也是我和学生熟悉的“典故”、互勉的暗语，出自陀思妥耶夫斯基的《卡拉马佐夫兄弟》。

某一段从童年时代保留下来的美好而神圣的回忆或许正是最好的教育。如果能带着很多这样的回忆走向生活，这个人便可终生得救。即便只有一段美好的回忆留在我们心中，有朝一日它也会有助于我们得救。

迷恋阅读的我们，应该时时提醒自己：如果因熟读经典而自以为比他人高贵，这书恐怕就白读了。重要的是积攒美好而神圣的回忆，从而让自己不沉沦于“本能生活”，进而能对他人有所帮助，让这个世界因为自己略微变好些。这美好而神圣的回忆，可以来自经验，也可以来自经典，关键是内蕴于心，外化为实实在在的每一天。

另一种真实

我曾带学生读以色列作家阿摩司·奥兹的自传体长篇小说《爱与黑暗的故事》。

奥兹有一位与众不同的母亲，她善于讲述与众不同的故事。她曾经给奥兹讲述了一个关于女人与铁匠的民间故事。主人公是一个艳若桃李、冷若冰霜的美人，让诸多“威猛”的铁匠不惜“石榴裙下死”，以换得片刻风流。这个故事中有美女、性、凶杀，但母亲的叙述编织将诸多好莱坞商业元素上升为一个古老而迷人的传说：把远方那色彩斑斓的语言赤裸裸地展现在奥兹眼前，以前很少有孩子的脚步踏过那个地方，那是天堂里语言鸟的所在。

而给奥兹留下更深印象的是一个非常老的人阿莱路耶夫：“他不光年龄大，而且古老。他非常老，驼背上开始长出苔藓。头上长的不是乌黑的头发，而是蘑菇，凹陷的面颊上覆盖了一层地衣。脚上开始钻出了棕色的根，亮晶晶的萤火虫落在他塌陷的眼窝里。这个老阿莱路耶夫比森林的年龄还大，比冰雪还老，比时间本身的年龄还大。”

传说森林中还有一位比他更老的老人。故事的结局是：“于是他们睡着了，两个人，相互偎依，老人和甚至更老的人，而外面只有风和雪。要是他们没有让狼给吃了，他们，那两个人，直到今日还会生活在那里，在他们一贫如洗的茅屋里，与此同时，狼在森林里嚎叫，风在烟囱里怒吼。”

母亲讲述这些故事，并非“寓教于乐”，而是着迷于故事与语言本身。她有一种杰出的天赋，能识别并传递故事和语言中古老的精华，让天真的孩子接近宇宙神秘而永恒的核心。奥兹用孩童的感受描述这种神秘与永恒——“有些扑朔迷离，仿佛它们并非始于开端，也并非结束于终了，而是从灌木林底下冒了出来，暴露一段时间，引起疏离和剧烈的恐惧，在我眼前活动几个瞬间，像墙上扭曲的影子，令我愕然，有时令我脊骨战栗，在我尚未明白究竟发生了什么之前又回到了他们原来的森林”。

童年的奥兹，生活在贫穷与寂寞的现实世界：没有兄弟姐妹；父母几乎买不起玩具给他；电视机和电脑还没有出现；令人窒息的后院；石屋顶上铺着的瓦楞铁；堆放着脸盆并拉满洗衣绳的阳台。但他并未生活在那里，他真正生活的地方，是母亲的故事与图画书中所描述的森林、茅屋、草地、冰雪……他在语词的森林中、在语词的茅屋里、在语词的草地上“头晕目眩地行走”，每天都在那烟囱里传出的呼啸风声中睡去，而实际上，那风从来不可能靠近他们家，那烟囱他也从未见过。

毋庸置疑，母亲的讲述与丰富的阅读，让奥兹得以超越现实的匮乏与孤独，拥有了一个如此丰富、与众不同的童年。他可能在其中经历了灵魂的种种冒险，体会到夹杂着甜美与恐惧的种种愉悦。但其中也蕴含着一种我非常熟悉的缺陷与危险：阅读所构建的世界如此迷人，我们还能容忍现实的庸俗无趣吗？不能悬空生活的我们，回到现实中时，如何才能与现实共处？将阅读置于现实之上，是否只是本末倒置，终将遭受重罚？

奥兹的结论，似乎印证了我的担心。整个现实世界只是徒劳模仿语词世界的尝试：“我们在阿摩司大街上有年纪比较大的邻居，可是当他们缓慢地行走，痛苦地经过我家门前时，那样子俨然是老而古老的阿莱路耶夫那令人毛骨悚然的现实生活的一个苍白、忧伤、笨拙的翻版。特里阿扎丛林，乃是对无法逾越的原始森林所做的一种可怜而外行的勾勒。妈妈挑的豆子，令人失望地想念她故事里的蘑菇和森林果实、黑刺莓和蓝莓。”

但随着阅读的深入，我发现这样的担心是多余的。在倾听、阅读与想象中，奥兹习得了一种能力：发现现实，理解现实，最终将现实与想象融合，创造出一个生机勃勃的世界。这个世界，无须物质的丰足、世俗的认同、强权的许可，只需咖啡馆里一个小小的角落、一双善于观察的眼睛，想象力就能带着笔在草原上驰骋，笔触所及，枯草返青，春花鲜妍。童年的奥兹，必须学着打发咖啡馆里的漫长时光。父母与朋友们在咖啡馆里聊天，文化修养很高的他们虽不谈“家长里短”，但政治、历史、哲学等高深话题，也让奥兹敬而远之。要命的是，这聊天往往持续至少7小时。奥兹必须安静地待着，这样就可以得到一个冰激凌的奖赏。于是他监视每一个客人，观察他们的一言一行、一举一动，编织无穷无尽的故事，有时还将自己代入，那些故事，植根于现实的土壤，却又在辽阔的天空飞翔。篇幅关系，我们只分享其中一个，“整个家族都被德国人杀光”的背景设置，提醒我们犹太人在20世纪所经历的苦难，而那正是作者“爱与黑暗的故事”的底色；但故事又不限于此，离奇的剧情、骑士式的爱情赋予这个故事夸张滑稽的浪漫色彩。

> 接着，我把目光投向坐在我们桌子附近的两个中年男子……我已经给他们做出决定，他们是一对堂兄弟，整个家族都被德国人杀光，只有他们二人幸存。我已经用一笔巨额遗产和一个怪里怪气的遗嘱丰富了他们的故事，按照遗嘱条款，谁在对弈中获胜，就能够得三分之二遗产，而输者只能得到三分之一。接着我又给故事引进一个与我年龄相仿的孤女……遗产继承人是她，而不是那两个下棋的。在这里，我自己进入故事之身，充当披闪光盔甲的骑士，孤儿保护者，

将从没有资格获得遗产者的手中把遗产夺回，将其归还给真正的主人，我这样做并非一无所获，而是赢得了爱情。但是当我赢得爱情后，再次闭上双眼，我迫切需要掐断故事，开始监视另一张桌子。

最后，奥兹这样调侃自己："这似乎是我作家生涯的开始，在咖啡馆，苦苦等待冰激凌。"

作为普通读者，我与学生都未必能习得这样的想象力与驾驭故事的能力。但取法乎上得乎中，或许我们也可以期望：有约不来，闲坐无聊时，我们不是只会低头刷手机，也可以如奥兹般，用这浮生半日闲，尝试做一个"偷窥者"，偷窥，编织，再偷窥，再编织。在这样的"间谍生涯"中，更好地理解现实，又超越现实，获得多样的经历和感受，拓展原本局限狭隘的人生。虚构由此介入现实，构成你度过的一个美妙下午，成为现实之牢固的一部分。在某种意义上，这何尝不是真实？

对热爱阅读的人们来说，虚构介入现实，甚至成为真实，更多地用以下方式来实现：书中的人物与我们朝夕相处，成为我们不可或缺的朋友甚至亲人。有学生告诉我，《草房子》里的纸月和桑桑，就住在她的童年里，是她最好的小伙伴。时至今日，她依然时时回忆起他们，孤独和忧伤时，会向他们倾诉。陀思妥耶夫斯基的作品中，有一个深深吸引我的"善人"（"圣人"）系列，包括《卡拉马佐夫兄弟》中的阿廖沙、《罪与罚》中的索尼娅、《白痴》中的梅诗金公爵等。生活中遇到困惑时，我不一定向师长请教，却常常想：阿廖沙们会怎么办？于是我就会为自己的自私、纠结、懦弱感到羞愧。这种羞愧不一定能帮我拥有阿廖沙们的善良与宽厚，但毕竟会提醒我应该去的方向，并为之用心，努力。

课的“样子”，其实是人的样子

读王栋生（笔名“吴非”）老师的书，听王老师上课，和王老师聊天，我最大的感受是，难的不是上出他那样的课，写出他那样的文章，而是成为他那样的人。有其胸次，然后才能有其文，有其课。教师的成长其实和学生一样，首先需要“立人”。

王老师的书《课堂上究竟发生了什么》中有一辑“照亮课堂的光”，强调的是学生思维品质的培养——独立思考，审慎立论，小心求证。这恰恰是王老师作为教师最大的特点。他坦言自己青年时代也曾盲从迷信，思想“左”倾，走了很长的一段弯路。社会现实与阅读使他警醒，获得一双“冷眼”，于是他看世事常比别人多出一份理性与深度，写出了许多广受好评的杂文——王老师的写作总有他的杂文风格，杂文家的敏锐视角与生动表达，使他的课与文都与众不同。这方面的人生阅历与写作经历，是他作为语文教师的优势。

“冷眼”背后，却是一颗“热心”。王老师对生活始终保持广泛而热烈的兴趣。他喜欢美食，且能自己动手制作；他喜欢摄影，常于一般人忽略处发现特别的风景。退休后，他因眼疾而不得不控制读写，更多地亲近大自然。在老人和孩子聚集的小公园，他看花看草看蚂蚁搬家，辨别红叶李与樱花，听鸟鸣，也听老人聊时政聊家常。世界其实是一部大书，但它只向敞开着的心灵敞开。王老师退休后，我们听他说话的机会少了；偶尔遇见他，大家都爱聚拢来，听他说说见闻。简单的日常生活，在他那里变成一条宽广而生机勃勃的大河，吸引我们驻足聆听、观看，心向往之。

有同事说王老师的生活方式与兴趣，与她三岁的女儿很像。——经历过几十年的人生坎坷，他却始终以孩子般好奇的眼睛与清澈的心灵面对世界，越到晚年，越是如此。有这样的“赤子之心”，他才能带学生探索广阔的世界，想象有无限可能的未来。《课堂上究竟发生了什么》的第一辑是“课堂，与未来有关”：“没有必要把他固定在教室里”，“学生有属于自己的‘课外’”，“引导学生关注未知世界”……王老师曾说过：教师的心有多宽广，学生的天地就有多大。“课堂上究竟发生了什么”，内核其实是“在生活里发现了什么”。

王老师的“热心”还表现为心里时时有学生。《课堂上，教师也在学》一文中提及教师的表达规范，着眼点其实并不仅仅是表达，更重要的是字斟句酌中所蕴含的对学生的尊重与呵护。如讲课时尽量不涉及“离婚”，假如因教学需要一定要说起，他也会装作无意地强调“离婚率高也是社会文明的特征”。单亲家庭的孩子，特别是年幼的孩子，还不一定能理解家庭的这种变故，心上往往留下了很深的创伤，所以教师应当尽量避免触痛孩子。值得注意的是，王老师这里用了“装作无意”，这显然是有意的“无意”，根子是“善意”。

该文中还强调“教育不能仅仅凭借爱心，更需要智慧”，不过我倒想补充：教师有爱心，才会用心琢磨教育的“智慧”，才愿意把“智慧”用于正道，用在学生身上。我们见过许多聪明（准确地说是精明）的教师，深谙人情世故，懂得各种“智慧”，却独独不愿费力不讨好地琢磨教学，踏实做好本职工作，缺少的正是爱心。

熟悉王老师的同事、朋友，都知道他的这份“热心”遍及身边的每一个人，而不仅仅是学生。心里时时有别人，这“别人”中自然也包含了学生，因此他在课堂上的善意才会如活水汩汩而出，毫不造作。王老师曾多年担任南京师范大学附属中学语文教研组组长，他公正无私有担当，其后的几位组长都继承了这一优点。

工作以外，有一个细节多年来一直留在我的心上，使我心存愧疚。当年我来附中工作，王老师与徐志伟老师随校车到我的大学宿舍，替我将行李与几个沉重的书箱搬下六楼，搬上校车，再搬至附中宿舍。时值酷暑，两位老师汗流浃背的身影，我永生难忘。

与许多教育理论家不同，王老师是一线教师，有多年的课堂教学实践；而不少一线教师善于谈读书，教写作，自己却很少读书和动笔，但王老师从未停止过阅读与写作，即使视力不断衰退。如以游泳为喻，王老师是与学生一起在水中学习游泳，切磋技艺，而非在岸上高谈阔论，隔靴搔痒。

《这节课，与未来有关》一文中，王老师请学生寻找课文《我们打了一个大胜仗——四川抗洪救灾记事》的“大毛病”，学生研读后发现，该文有工厂、农田、房屋等具体的损失数字，却没有人员伤亡的数字！王老师补充：据非正式消息，1980年四川洪灾，死亡人数在8000左右。大胆怀疑的精神、独立思考的品质、生命高于一切的意识、新闻报道应遵循的职业操守等，都在这一课例中结结实实地留在了学生心上。我们不难想象，当年课堂上学生的眼睛如何亮了起来。而这些学生中，有一位后来成为一家大报的主编，以正直敢言著称。

多年来，王老师写下了厚厚的课堂教学笔记与班主任工作笔记；如今退休了，散步时，旅行时，王老师仍不忘以教育视角观察世界，并以断片的方式记下自己的思考。大量的笔记和断片，经过仔细筛选、反复推敲，才形成了现在我们所读到的精短平易而深刻的文字。作为一线教师，其实我们也可以这样实践，反思，记录，不必急于发表，更不必急于形成理论，建构体系。和学生一起慢慢往前走——我们的收获，在未来。

作为同事，我们敬重王老师，但并不迷信他。如他自己所说，他所做所写，遵循的都是常识常理。他像农夫一样劳作，再把自己的经验或教训与其他农夫分享，“平常极了”。而在同事们年幼的孩子眼里，王爷爷是个好玩的老头儿，他们喜欢他的故事，也喜欢他胖胖的肚子。外出交流时，我们看到王老师的众多“粉丝”对他的崇拜，都有些讶异；王老师也会有意与这样的“崇拜”保持距离。

但这些年来，我逐渐意识到，我们在工作的起点，遇上王老师这样的长者，实属幸运；这样的幸运，我们当时未必自觉，如今回想，实为大幸。未曾有如此幸运的青年同行，对王老师有崇拜的热情和亲近的愿望，是真诚的，也是可以理解的。好在王老师一直继续着他的思考和写作，对一个思想者来说，世界每天都是新的；信任他的读者，也就可以借着他的思考，以新的眼光打量世界，并反观自己的课堂“究竟发生了什么”，而凭着爱心与智慧，自己的课堂还可以发生什么。

“蔼蔼堂前林，中夏贮清阴”

酷暑读傅国涌先生的书《新学记：中国现代教育起源八讲》，如“蔼蔼堂前林，中夏贮清阴”，这本书带读者于酷热浮躁中回溯历史，冷静审视，重获热情，于失望消沉中，生出前行的勇气与力量。

生存于今日，我们须承受种种燥热。先说自然环境：极端天气频发，高温持续，人类的种种贪欲恶行，结成恶果，殃及自身。再说社会环境：正在富起来的人们往往急火攻心，争先唯恐落后，有些人只求结果，甚至不择手段。这本书的尾声提及一个细节：白马湖畔的春晖中学，曾因李叔同、夏丏尊、朱自清、朱光潜、丰子恺等名家任教于此而辉耀现代教育史。傅国涌与几位友人于2016年再访白马湖，却目睹了一出荒诞的闹剧——老校长、教育家经亨颐先生的墓碑上挂着一副红布条的对联：“要扬学校威风，不可粗心答试卷；莫负爹妈厚望，又传捷报是高分。”搜索春晖中学的官方网站，所列成绩，也多为此类“捷报”。不必因此苛责校方：陪同傅国涌的友人介绍说，悬挂这样的对联，并在墓前焚香祝祷孩子得高分成人上人，是家长的个人行为；而各类名校所列成绩，皆难脱此类套路，否则如何让大众满意？不过于此我们也可以窥见今天中国教育的大致样貌：红底黄字，歪歪扭扭。傅先生失望之余，反思其根源，认识人之不完美，思考如何作为。

在这样的背景下，阅读《新学记：中国现代教育起源八讲》，具有双重意义。一重意义是于历史中，感受薪火相传的暖意，重获教育的热情。比如教会学校，有人重视其公益性质，也有人关注其利益考量，傅先生则注意传教士们的宗教热忱、向上的永恒视角。比如张謇这样的实业家、教育家，傅先生看重的是他的言行合一："他所说的那些话看上去都很简单，但真的这么去干，就不简单了。如果你真的像你所说的那样去做，那你所说的就是有力量的。"虔诚、正直、勇敢、坚韧，这些人类最优良的品质，在他们那里，绝非高调的宣讲，而是化作日常实践，完善自身，进而润泽他人。他们当然并非完人，我们常人也各有信仰或信念，但对于这样的品质，应当有永恒的敬意：虽不能至，心向往之。作为一线教师，我们还要以此自警：你所说的，如果自己做不到，不但不能达到教育的效果，还往往会让学生对人、对世界失去信任，影响其日后的所作所为。师非圣贤，孰能无过？但我们在选择这个职业时，就应当知道它对从教者有高于常人的道德要求，这是选择职业时应有的心理准备。选择之后，我们应当有所坚持、有所牺牲，这是从事这份职业应有的操守。不必有"风萧萧兮易水寒，壮士一去兮不复还"的悲壮，但要有"不曰坚乎？磨而不磷；不曰白乎？涅而不缁"的弘毅。如果自知做不到，人生道路广阔，可有别的选择和发展，不应在此误己误人。

《论语》中说"古之学者为己，今之学者为人"，意在批评今之学者以知识装点门面，炫耀于人，主张完善自身，提升境界。完善自我当然是个体学习的首要任务，也是自身能服务社会的前提。但如果只强调"为己"，还是易引起误解，以为"独善其身"即可。这本书中提及铭贤学堂以"学以事人"为校训，以"培养博爱济公、服务社会的人"为宗旨，傅先生以此区分传统教育和现代教育：传统教育中的科举仕途，是获得个人荣华的台阶，个体追求将自身纳入皇权秩序中；现代教育则建造独立的、有个性的、能承担责任的个体，并且是与他人共同承担人类命运、民族命运，承接文明遗产，继往开来的合群之人。以此审视春晖中学家长所挂的那副对联，我们可以看到，学者们已开始研究“后现代”，当代校园里飘荡的价值观，却依然是“前现代”的：获得个人荣华，融入利益体系。这不但远离“事人”的高尚情怀，也绝非完善自我之“为己”，准确地说，追求的是利己的享受与扬威风于他人的优越感——自我享受与自我膨胀。我曾读到一家报纸对学者赵园的访谈，记者问她如何理解幸福，这位低调认真的学者这样回答：“我们这一代曾经有共同的箴言，比如青年马克思所说的：‘如果我们选择了最能为人类福利而劳动的职业，我们就不会为它的重负所压倒。’‘我们感到的将不是一点点自私而可怜的欢乐，我们的幸福将属于千万人。’不知当下的年轻人是否还能像我们当年那样被这样的箴言打动？”有意思的是，我曾经在课堂上与学生共读这段箴言，少年的眼睛里闪烁着认同和向往。但如果对那些曾经年轻的焚香祝祷的家长谈这些，大概是要被讥为“迂阔的书生气”的吧。此中之冷热，也颇可玩味。

阅读这本书的另一重意义，是去除燥热中的蒙昧与偏见，获得理性与冷静。这本书批评传统教育的固化、狭隘与落后，但也并非全盘否定，有钱穆所说的对历史的“温情与敬意”。它梳理现代教育的起源，高度肯定其变革的意义，但也并非一味称颂。比如，民国教育在现代教育中占据重要一环，承前启后，做了许多奠基性的工作。商务印书馆、中华书局等印行的教科书，为闭塞地区的孩子打开了一个辽阔的世界。这些教科书以及借此展开的教学中价值观念的更新、知识体系的重构，开启了从校园延伸至社会的静悄悄的变革：中国开始迈向另一个方向。教育界、学术界多从此角度关注民国教育史，做了许多挖掘和研究工作，但有时也不免厚民国薄当下，取简单的二分法。这本书则注意到现实的复杂多变和诸多问题：教科书发行中的过度商业化和不当竞争，教学内容西化、城市化而不切乡村实际。书中摘录的徐特立、钱穆等人的批评，叶圣陶在小说《倪焕之》中的描述，都为我们全面地了解民国教育提供了鲜活的例证。取其长，补其短，落实到日常实践中，较之于一味称颂或批评，是更为理智和务实的态度。

在这本书的后记中，傅先生称此书与之前的《过去的中学》《过去的小学》，均为无心之柳，如今却都已泛绿。看傅先生之前的种种著述：《1949年：中国知识分子的私人记录》《百年辛亥：亲历者的私人记录》（上下册）《大商人：影响中国的近代实业家们》《从龚自珍到司徒雷登》等，再看此书所附长达15页的“参考文献”，既有梳理中国近代社会沉浮的宏大格局，又有对其中各种阶层、大小人物个体命运的细致触摸。博学笃志，用心耕耘后的无心插柳，方能有柳色如烟，绵延致远。除历史文献之外，我注意到傅先生的阅读中还有大量的文学作品，比如郁达夫的自传、齐邦媛和王鼎钧等人的回忆录、之前提到的叶圣陶的小说等。小说虽为虚构，材料却来自现实；自传和回忆录则介于文学与历史之间，既是出色的散文，也可作研读的史料。这样的研读也给我启发，以教育视角重读文学作品。

傅先生以“新学记”为这本书命名，“一个老夫子，六七个童子”，“挤开大地的缝，透进世界的光”，此其志不在小。八讲读完，作为普通读者和一线教师，我只希望在感受这份清阴后，用小小的实践，让自己的教室多几分清凉和生机。

孩子怎样，我们的未来就怎样

每到假期，各类教师培训纷至沓来。我有一个不足为外人道的“偏见”，算上时间、精力、费用等成本，许多培训的性价比并不高。即使不论成本，不少质量不高的培训，干货也实在有限。如果用这几天踏踏实实地读上一两本好书，则所得远胜于看几张花哨的 PPT 和拍一些证明“到此一学”的活动照片。

手上的两本书，再次印证了我的“偏见”。这两本书，一本是《给学生真正需要的教育——中国青年报冰点周刊教育特稿精选①》，分“寻真，课堂”“师道”“有生命的课堂”“学校与人”四辑；一本是《教育的另一种可能——中国青年报冰点周刊教育特稿精选②》，分“另类家长”“考试的刻度”“第三条道路”“夹缝与选择”四辑。从名字大抵可窥见编者的良苦用心：从教育切入，直击现实之痛。正如后一本书序言的标题——“教育怎样，我们的时代就怎样”。这“我们”中，包括了学生、家长、教师、媒体……每一个鲜活的心灵，每一个时代洪流中的微小个体，都在“我们”之中，而非可置身事外、袖手旁观的“他们”。投向教育的关注，实则投向了“我们”正置身其中的现实，更准确地说，是投向了“我们”的未来——那充满了无限可能的未来，正由教育的基石铸就。

正如《教育的另一种可能——中国青年报冰点周刊教育特稿精选②》前勒口上所介绍的，这些精选的特稿，以“冰点”般的冷静和客观，传达出教育肩负的使命和教育者的深切关怀。但这本书的优点，主要还在于以故事、细节还原诸多场景，让读者感受温暖、悲伤、困惑、无奈、成长等心理体验，对故事中的每个个体多几分理解与同情；同时读者也能了解现实的复杂、个体的差异所带来的教育的复杂性和困难度，从而多一些综合的考量、理性的判断。这样的集中阅读，对普通读者来说，正是最好的自我教育。而如果读者兼有家长甚至教师的身份，这样的阅读则另有重大意义：当我们通过阅读实现了自身生命的提升后，它将影响到一个孩子甚至一群孩子的成长——而孩子怎样，我们的未来就怎样。

阅读《给学生真正需要的教育——中国青年报冰点周刊教育特稿精选①》时，我欣喜地发现，书中的许多故事，早已与我的生命有了交集。《孤独的教育者》一文中提及北京大学钱理群教授回母校南京师范大学附属中学开设讲授鲁迅作品的选修课。我全程参与了该课程，感受到了钱老师的教育激情；当上选修课的学生因应试压力而逐渐减少时，我也体会到了与钱老师一样的失落与无奈。但有不少学生克服种种困难坚持下来，也常有其他学科的青年教师和非选修班的学生前来旁听。课程结束，学生写出了优秀的读书报告，并以朗诵、短剧等形式表演鲁迅作品，完成了特别的“结业礼”。更重要的是，对鲁迅的阅读与热爱，仍在附中的校园里延续，在学生的青春里激扬。种子播下去了，收获在于未来。

马小平的《叩响命运的门：人生必读的八十八篇人文素养经典》、徐贲的《明亮的对话：公共说理十八讲》，都在我们给学生的推荐书目之中。我也曾与扬州中学的王雄老师有一面之缘，他对博尔赫斯诗歌的兴趣，让我感受到一位历史老师史识之外的诗情。即使未有直接的交集，书中的许多人、许多事，都让我有遇见同道者的愉快。在马小平老师的追悼会上，满头白发的钱理群老师发出“孤独是你的宿命”的慨叹。是的，孤独大概是每个理想主义者的宿命；但当理想将孤独者聚拢，将激情转化为惠泽每个个体的教育智慧和实践时，悲壮的孤独之旅，将变成“我存在着，我努力着，我们又彼此搀扶着”（这也是钱理群老师经常说的）的相濡以沫。“燃烧的心”，并不必然带来丹柯式的悲剧结局。

回到我自己的阅读所得。《师说》一文中李家声老师最喜欢的《论语》中的两句——“不曰坚乎？磨而不磷；不曰白乎，涅而不缁”，也鼓舞了常困惑、犹豫的我。《一门“语文课”就够了吗》一文集中介绍了民国时期的语文教育，提及吕叔湘先生的《笔记文选读》，我家中恰有此书，可细读之，自己进行一次有效的“暑期培训”。最大的收获，则是故事中老师们、家长们的教育智慧对我的课堂教学的启发：读再多，说再多，对一线教师来说，最重要的，还是上好自己的每一节课。对学生心智的开启、爱的传递、美的滋养——人之为人的种种要素的养成，终究还是得落实在每一节课。如何让学生对你的课堂有期待并真正有所收获，这是我们合上书后该思考和努力的。这样，每一节普通的课，每一个普通的日子，都可以变得充满挑战和不同寻常；我们自己的生命，学生的生命，也将因此改变。——这就是我们可以为时代和未来所做的。

“路曼曼其修远兮”，上下求索，积跬致远。

辑四

有你的信

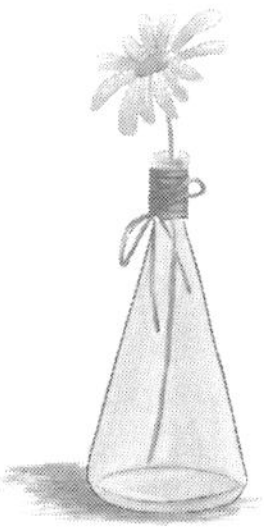

缘起

不少学生在毕业后，与我有书信往来。整理信件时，我发现这些书信涉及诸多现实问题，并非只是个人化的情感联系。学生谈自己的经历与困惑，谈对周遭人事与社会现象的思考，我都会认真地阅读，坦诚地回复。《教师月刊》的林茶居先生鼓励我，说这类文字是有价值的教育文献。征得学生同意后，我整理出了若干书信，与大家分享。

第一组信

（一）

H君，2011年毕业于南京师范大学附属中学。

周老师：

许久未和您通信，七月的第一天，不知道您有没有开始放暑假，过得好不好。

有好几年我总和同学说春天的时候回去看您，却一次也没能成行，几个月前的春天听说您在带高三，非常忙碌，也就没有打扰您。六月过去，盛夏来临，想到您的又一届学生要被高考这朵小浪花裹挟着奔向各自的前程，不由得想起了我那一年毕业时的情景。记得毕业典礼上您给我们的赠言是“好好吃饭，好好睡觉”；记得排着队从礼堂出来的台阶上，您给我的那个发烫而熨帖的拥抱，紧跟在您给另一位泣不成声的同学的拥抱后面；记得您最后一次在广播里讲话，给大家推荐的是杨德昌导演的《一一》和奥兹的小说《爱与黑暗的故事》。恰好我前几天看了娜塔莉·波特曼根据小说《爱与黑暗的故事》改编的电影，作为书迷，我看这部电影必然是失望的。这之后的一届又一届学生，您在临别时又会对他们说些什么呢？许多道理，我们总要在渐渐年长之后才能真正体会，比如，人生中许多事情是没有道理可讲的，能做到

"好好吃饭，好好睡觉"是再好不过的了。

这些年我常常想，十六七岁的我从附中得到的馈赠，在课堂上和书本中微微窥见的那个世界，是如何不动声色地牵引着我走向自己看不见的方向的。就像我三年前跨专业保研的时候摘录的茨威格《昨日的世界：一个欧洲人的回忆》中的话语："一个人的生活道路原来是由内在因素决定的；看来，我们的道路常常偏离我们的愿望，而且非常莫名其妙和没有道理，但它最终还是会把我们引向我们自己看不见的目标。"我那时候写道："这段时间我经历了煎熬与等待、尝试与纠结、希望与失望。一波三折，于意想不到之时事情又有了转折，如今总算尘埃落定。在情绪最低落和最茫然的那几个夜晚，我都是靠着这些话支撑着自己。"其实我对这样的心境早已不陌生，高考亦是如此，但它无法真正左右我们的道路。假如这个夏天有学弟学妹因高考失利而痛苦失望，希望这些话也能给他们带来一丝安慰。

这个夏天过完，我要又一次面临人生选择，必定又有许多未知的煎熬在等待着我。后知后觉的我，在读研究生的最后一年仍像是被蒙上了一层迷雾，看不清方向与目标。

不知不觉就过了零点，夜雨敲窗，我关注的一个微信公众号推送了一首梁雪波的《南方的雨》，很是应景。七月的雨"持续而急促，像一封记忆的电报"，"在雨的褶皱里年幼的马仍在熟睡"，祝好梦！

暑假快乐！

开学后我想回来听听周老师的课，可以吗？

H君

2017年7月2日

H君：

谢谢问候，我们刚刚放假。

你们忙自己的生活就好，有什么要说的，通过文字交流即可。回来看我，我反而不知道聊什么好。我认同你关于人生道路、高考等的思考，我和现在的学生所说的，跟你的思考很相似。学习终究是自己的事，所以无论去哪里，都可以好好学习，青春也会在所有地方绽放。谁也无法剥夺这些权利。人生也是。

回来听课没有问题，随时欢迎。

祝一切都顺利。

周春梅

2017年7月4日

后续：H君在南京某高校读研，开学后陆续来听了两个月的课。有一节课，讲柳宗元《始得西山宴游记》中的“心凝形释，与万化冥合”时，我引用毛姆《刀锋》中拉里看日出的一段文字，帮助学生理解此种高峰体验。H君课后给我发来一段文字和一张照片。

课上听您谈及那种“心凝形释”的高峰体验，忍不住想和您分享我几年前读完《卡拉马佐夫兄弟》的感受。暴雨将至，我的公寓虽小，却有大大的窗户，看得见玄武湖。天色黑压压的，像灾难片，只有湖面一块光亮。当时我凌乱地写了几句，那样的景象和心境，大概也是我人生里难得的高峰体验。

（二）

L君，2017年毕业于南京师范大学附属中学。

周老师：

早！

早上四点我便被惊醒了，以为自己很快又会睡去，翻来覆去，却只是更加精神而已。昨天我在广州逛了一下午书店，买了一些书，身体倦极，却心满意足。

写着写着就想附中了。

来到广州，我所在的大学可以说是很好的高校了，但我还没有找到一个能聊加缪的人。这本身就令我感到荒谬，我才明白周老师曾说过的“拿出一点点来就足够了”原来是真的。我接触到的很多人的阅读止步于高考必读和碎片文学。

我刚刚在读奥古斯丁的《忏悔录》。选修课我一门心思选了“哲学导论”，老师很好，推荐了很多入门的哲学书，很好读。老师也是爱读书之人，讲到书的时候手舞足蹈，很高兴地给我们推荐，我也很高兴坚持选了这门公选课。

附中开始招募寒假招生志愿者了，我昨天迅速地报了名，寒假应该可以回附中宣传了。填报名表时，思念一下子就漫了上来。“幸福的高三”，附中这个传统的作文题前些日子还有同学邀我写过，我迟迟动不了笔。千头万绪，一篇文章怕是装不下那些“小确幸”。

写这封信，只是我这会儿很想和周老师分享一下最近的算是和语文相关的经历，于是拿起手机就写。和现在的同学说起我高三的语文课，他们都说很难想象。我有一点点小得意，同时不免又怀念起老师的课堂。

窗外鸟鸣，天色微亮。记得老师说每天有小麻雀到窗前等候您洒下米粒，它们是不是也起了床？

又：早上读书感觉很好！

祝好！

L君

2017年10月29日

L君：

很喜欢你现在学习和生活的状态。学习是自己的事，是一辈子的事。热爱读书的人，会一直向着更好的“我”生长，谁能阻止他进步呢？拿出一点点来装点门面是足够了，但真正的学习则永远不能停止。另外，我们阅读也绝不是为了高出别人，获得优越感。其他同学必有他们的长处——“择其善者而从之”；如有不足——“其不善者而改之”。先贤的教导依然有现实意义，当永存谦卑庄重之心。共勉之。

高三的语文课可以与众不同，应该感谢的是你们，是你们支持了我的任性与韧性，给予我许多温暖和滋养。毕业后温暖还在继续，比如你捎来南方的鸟鸣和晨曦。

记得你学医，我最近看了纪录片《大师：林巧稚》上下两集，她说的“怀着非凡的爱做平凡的事”，老协和的校训“自省 专注 慈悲”，我都非常认同。她和小说《人到中年》中的陆文婷大夫，是我理想中的女性，虽不能至，心向往之。

我最近读《老子》与《汉魏六朝诗选》，重归传统经典，收获颇多。人到中年，我觉得读书最重要的有两点：一是读经典；二是中西并重。

也祝好，有机会替我问候同学们，说我和同学们惦记的小麻雀都好。

周春梅

2017年10月29日

（三）

Z君，2014年毕业于南京师范大学附属中学。

周老师：

不知道您是否还记得我，很久很久没有跟您联系了。其实我上大学以来，每个学期都给您写一封信，讲讲发生了什么。但信从来没有写完过，因为每次讲完那些经历过的事情我总是不知道该怎么结尾。我的变化大概很大，但我从来不确定这变化是好还是坏。我还是读书，但好像一直在丢失以前偶尔的灵光一现。谈谈这些事带来的感悟吗？可是我总觉得我的行为逐渐靠近传统意义上的评价体系，自己像一个茫然的人，一件又一件事像大浪一样打在我的身上，我颠沛流离，任其塑造，放弃了“感悟”的这个过程。我总觉得，价值观会发展变化，那些信，我总担心半年后看会太过幼稚，没有结尾，也就没有发出。

今天大概不是写信的好时候，我这段时间在美国交流学习，学校的电脑上没有中文输入法，只能用拼音输入。我还有几场考试、几份作业亟须准备、完成，我也不知道能不能写完和发出这封信。

起因是，我今天在领英——一个人们上传简历的职业社交网站上——看到了高中隔壁班的一个同学的材料。我与他并不相熟，但我记得读过他的几首诗，还有他的作文（有的时候我还会专门要过来看，因为很有趣），非常意气纵横。我在那个网站上看到他的求职意向是“管理咨询”。

大概就是这么一件小事吧，我突然觉得看到了我们少年时代的崩塌。这是特别正常的一件事，对吗？我身边那些沉迷于写代码、关心考试和作业、开口第一句话问实习和面试情况的同学们，当年大概也是写过诗的少年呢！说到底，我只是没有办法把当年那个写诗的少年和“管理咨询”联系到一起，说到底，其实是我看到了年轻的自我的崩塌。

我在学工科，我所在的大学信奉“Talk is cheap. Show me the code”（多说无用，给我看你的代码），我在很长一段时间内（包括现在）也很迷恋这样的价值观，觉得帮我纠错的男孩子和女孩子最帅气。但他们中的很大一部分人，其实是不谈这些“玄思”的。我有时候会迷惑，他们难道从来不会为了学习之外的事情感到困惑吗？他们难道从来没有注意到春天的美好吗？……

我并不是在抱怨什么，我在大学里找到了很好的伙伴，是可以半夜一起吃烧烤消磨两三个小时的朋友。很多人对我特别好，从世俗意义上来说，我的大学生活挺“成功”的。我和几位高中同学仍然保持着密切联系，心情不好时打一个多小时电话，时不时“约饭”。只是我觉得，我快要变成“他们”中的一个了。

我特别特别害怕，我正在（或者从附中毕业后，已经）丧失只谈风月的资格。说到底，我不过是害怕自己终于有一天变成了万万千千停止思考、面目模糊的人中的一个。我以前总觉得书是救我出去的绳索，可是，真的，坦诚地说，我对自己抵御诱惑的能力，一点信心都没有。

可是谈风月又有什么用呢？做一个世俗意义上成功的、拿很高薪水的人不好吗？……

我知道答案，但我还是觉得不好，因为我曾经有过体验。我大学期间参加过辩论赛，做过主持人，参加过演讲比赛，都拿到过不错的成绩，所谓的大场面见了不少。我说我不能抵御诱惑，是说我仍然时不时地被虚荣心绑架，不能拒绝这类活动的邀请。但每次参加完，我都会陷入“天哪，这到底有什么意义”的失落感中，我并没有成就感，甚至到了大二后期，会特别抗拒这样的事情。

真的，我羡慕那些可以轻轻松松把这些事情当作“inner motivation”（内在动力）的人，我羡慕那些已经建构了自己的价值观的坚定的人，以及那些轻轻松松跟着流程走的人。

可我大概属于半瓶子水，能力不够，又妄想仍然保有少年只谈风月和心灵的天真。

写得太乱了，而我马上要去上下一堂课。我其实仍然不知道该怎么结尾，我也不知道该不该发出去。但，想一想，还是狠狠心发出去，但愿周老师不要嫌弃。

Z君

2017年4月12日

于美国安娜堡

（这里三天前刚下了一场雪，我猜春天仍然没有来。）

Z君：

迟复为歉。

收到邮件那天早晨，未经你的同意，隐去姓名，我和现在的学生分享了你的困惑和思考。我希望这些困惑和思考，能帮助他们在离高考还有一个多月时，把这些重大的问题想一想，希望这段时间和将来，他们都能走得更踏实些。先替他们谢谢你真诚的停顿与反思。

回到你的困惑本身，我有三个想法，仅供参考。

对他人，再多些发现的耐心。“我”与“他们”之间未必有如此大的不同甚至对立。“他们”可能也会为春天的美好而欣喜，只是未必转成语言，或者转成了语言，我们没有机会了解。“他们”的漫漫长夜是如何度过的？或许也会给老师或好友写这样一封信？或者只是自己在心里默默感伤，甚至不能像你一样好好分析伤感的由来？而白天，他们继续忙考试、上课，如同他们眼里的“你”一样。

对自己，则多些苛求和决断。两者兼顾，或许恰恰是一种幼稚的贪念。为什么既要有生活的舒适、他人眼里的体面及成功，同时又要有心灵的自由浪漫？平衡是五五，还是四六？我觉得大概还是要有取舍的，即使不纯粹，比例也要到一九或二八。至于什么是一，什么是九，则可有不同的价值观和选择，关键是要想清楚自己最在意的是什么，不要忙完了，再感叹“天哪，这到底有什么意义”。

另外，我还是觉得，没有困惑，贸然前行，未必比有困惑和纠结好。记得托尔斯泰的《伊凡·伊里奇之死》吗？如果到死前才醒悟“天哪”，一切已无可挽回。思考本身是有价值的。未经思考的蒙昧，并不等同于质朴的单纯与坚定，甚至也未必有你想象的轻松快乐。

希望你收到这封邮件时，春天已经来了。春天总会来的。祝好。

周春梅

2017年4月16日

周老师：

其实之前我一直想给您回信，但是那段时间，我经历了剧烈的变化（我身处的环境变化很大）。后来我觉得大四的这半年自己必然会经历更加剧烈的变化，所以想等自己忙完，一切尘埃落定之后，静下来想一想，再给您写信。

后来反思，我的这些困境跟我接受的大学教育没有太大的关系，我的大学尽到了它的责任，这是青年人难以避免的普遍困境。之前我和X君聊天，得知我们这对高中的同桌竟然相隔一月给您写信表达了类似的困惑。后来我和另一位高中同学聊天，他也表达了相同的想法，语气都与我相似。这也是非常值得想一想的一件事情。

现在看来，上一封信有颇多偏颇之处。我的同学都是很可爱的人，我也越来越觉得他们可爱。我逐渐意识到，有些问题，未必别人没想，只是它们是通过发问无法解决的，或者是思考后得到的答案会让人沮丧的。所以，我们只能选择暂时不去看它们，在阳光还照耀着的地方抓紧时间笑一笑。

我仍然不确定自己的答案，等明年尘埃落定之后，我一定还会给您写一封信，也许我会有新的想法。

Z君

2017年11月24日

Z君：

我最近读《老子》，“浊以静之徐清”，一片纷扰中，慢慢沉淀、沉静，回归内心的清净、清澈。共勉之。

如里尔克所说，像树一样，慢慢生长：“不能计算时间，年月都无效，就是十年有时也等于虚无。艺术家是：不算，不数；像树木似的成熟，不勉强挤它的汁液，满怀信心地立在春日的暴风雨中，也不担心后边没有夏天到来。夏天终归是会来的。”

风雨会来，夏天会来。根深，枝繁，叶茂。

周春梅

2017年11月24日

（四）

上一组信中提及的X君，2014年毕业于南京师范大学附属中学。

周老师：

很久未给您写些文字了，心中颇为忐忑。一转眼，毕业已经三年了，想着您可能又在陪一届毕业生走完他们高中的最后一程，便不由地感慨时光如梭。

去年九月我听闻您的书《一间辽阔的教室》出版了，于是趁开学前的空隙赶紧买来看。万籁俱寂的深夜，一个人坐在寝室里，思绪随文字飞回到那段纯真的青春时光。您的声音和上课时喜欢站的位置；被画了线和写了很多评语的随笔、摘抄；接龙读关于苹果的诗；课上没人回答问题时尴尬的氛围……人事有代谢，但这些记忆仍鲜活。它们和我自己喜欢保存的很多“历史的证物”一样，是生命的锚点，在实物之外还记载了一段心思，让我无论在下一段航程经历了什么样的风雨起伏，总能清楚地记得自己从哪里来，也能看清自己有怎样的成长。

进入大学以来，我认识了很多来自天南海北的师长和同学，经历了学习之外的很多事，也逐渐体会到一个人自主生活的乐趣。视野的扩大让我很快发现了自己的狭隘，我学着去包容与接纳多元的思想、生活方式、价值观……我觉得有句话说得很好：所谓成熟，就是对内消除傲慢，对外消除偏见的自我修养。上大学的好处，除了有生活的自主——保证我有行万里路的自由（虽然经济问题经常剥夺我这项自由），还有足够的空闲时间——使我有读万卷书的能力，看见很多人看不见的风景。每念及此，我总会对学校提供的条件充满感激。

然而让我很困惑，有时甚至很不安的，是周围的环境。有两种很典型的现象值得一提。一是同学们对自己去向的考虑。我所在的学院，专业主要有机械工程、能源与动力工程等；我所在的班，以一位著名科学家的名字命名，目的在于培养科研素质高、能力强的人才。事实上，我所看到的是：学院里、班级里，大量学生的首选意向是转行，将来从事与金融相关的行业，原因无非是行业待遇的差异。二是浮夸的风气。有一些学生，能力一般，却热衷于“抱大腿”、包装自己，在评奖、留学面试等场合，把自己吹嘘得光彩照人。更为普遍的是，在各种课程设计项目展览上，各小组想破脑袋把自己的项目吹得天花乱坠，采用各种“高端”的术语，让人眼花缭乱。这种现象在大学低年级尤为明显，各年级的项目同时展览时，我走一圈下来，发现高年级的项目反而更简单。

上周，我读了王栋生老师的《迷失的灯》，书中有两个主题我共鸣甚强：关于学生的“人生目标”和“独立的思想”；关于学校与教师教育的乱象——搞虚伪的活动，违背教育常理。我想，我观察到的这些现象，和书中的主题，都是有关联的。

书中写道：“当一个人接受十二年的基础教育进入大学时，他的人生观已经充填了一些基本内容，他的思维已经形成了一些基本特征……如果这位学生为了考试分数一直不懈奋斗，已经不会，也不敢自由地思想，即使他考进大学，又怎么可能有独立思考的精神，又能有什么‘创造’呢？”没错，我接触到的同学都应该称得上是高考的优胜者，但相当一部分同学在进入大学后的一两年内没有思考的意识，沉溺在过往的辉煌中“混日子”。待现实让他们张开眼睛，他们才发现自己已泯然众人，浪费了很多机会和学校提供的资源。

书中还提到“炮制运动会新闻稿”“假公开课”“老师受、索贿”等乱象。对这些事，随便挑个学生一问，都可算是过来人，都表示见怪不怪。麻烦也就在这里——“大家都这样，有什么问题吗？”的确，放眼全国，一个典型的“优秀的”高中生（绝不仅是高三的学生），往往是要“拼命”的，他会达到人生“自律的巅峰”。他接触到的所有人，包括老师、家长、亲朋好友等，几乎只会告诉他——“好好学习！”哪里有空间容他思考、判断？他所处的环境会让他感恩——即使有些老师违规补课，收受财物，甚至侵犯学生的私有财产乃至体罚学生。虽说“学生在成长，在以后的生活中逐渐形成了判断能力，他会逐渐地成为一个有智慧的人”，但这样的智慧，是让他学会独立思考与理性判断，还是让他成为一个精致的利己主义者？

大学低年级的浮夸风，在一定程度上是之前的教育积累的恶果。应试教育是不务实的，加之公民素养教育缺位，自然导致有进取心但能力不足的低年级学生有浮夸的倾向。好在随着视野的逐渐开阔和自身定位的逐渐清晰，大部分学生会变得实事求是。

大学高年级学生偏好转行的问题就严峻了。转行是需要实力的，一般来说，成绩不俗、有丰富的活动经历或较强的创新能力的学生会更多地萌生这样的想法。这些学生，绝不是没有思考意识或思考能力的。然而他们在思考什么？“馒头”还是“诗”？学长们的经历让我确信一个真正合格的毕业生是无须过分担心生活的出路的。但为什么大家仍然对金融行业趋之若骛？一方面，正如王老师指出的，基础教育中缺乏对“诗”的教育，很少有学生有自己的园地，有坚定的理想和信仰；另一方面，社会环境中弥漫着对物欲的渲染，还有多少人能冷静地思考现状，坚持最初的理想？有多少家长会鼓励儿女追寻初心？社会风气正被金钱腐蚀着，任何人想做出改变都需要足够的勇气与能力。遗憾的是，有勇气谈情怀的人很多，有能力战胜现实的人往往先失去了情怀。

最可怕的是，某些会思考的人，不仅没有理想与情怀，甚至连做人的底线都没有。举个例子，我发现有些同学，平时生活水平绝不低，其名字却出现在贫困生数据库中。问之，答：“这不是到居委会盖个章就行了吗？”更有甚者，发现学校有大量奖学金是只面向贫困生的，于是在第二年增补名单时，想办法让自己的名字进入了贫困生数据库！我问他：“你拿着这种钱，良心上过得去吗？”他反倒教育我：“反正学校的这笔钱就在这儿，你不拿总有别人拿。”暂不论这话是否符合事实，仅这逻辑就实在可怕！

写到这里，很多同学的面孔在我眼前飘过。很多次，我跟他们说打算继续深造，给祖国的航空事业做点贡献，有些同学的反应就很有意思。“你这样简直浪费排名。”（排名靠前的多半打算出国或转行）“我们班像你这样的是不是几乎没了？”其实我倒很希望大家都理想主义一点，毕竟年轻人“梦想是要有的，万一实现了呢”。不过我又何尝能简单粗暴地认为自己的选择适合别人呢？自己若能坚持下去就已经很好了。

几自说了许多，都是不成体系的“胡思乱想”，自惭形秽。想来这些话还应该能与老师交流，颇为欣慰。记得老师以前经常熬夜，一定要注意身体。学校近况如何？若可以，请您替我向保志明老师问好，也替我祝福学弟学妹们吧！

顺颂时祺！

X君

2017年5月13日

X君：

看了你的信，感动沉吟许久。

这样的“胡思乱想”很好。大概这样学而思，才能不罔不殆。

我带学生读《论语》：“不曰坚乎？磨而不磷；不曰白乎？涅而不缁。”共勉之。

我想把这封信转给保志明和王栋生老师看看，另外，也让现在的学生读读你的困惑和思考，可以吗？

我一切都好，谢谢问候，也祝好！

周春梅

2017年5月15日

周老师：

谢谢您的鼓励！我很乐意与老师和同学们分享见闻。顺便给学弟学妹们推荐一本刘慈欣的《时间移民》。这是一本中短篇小说集，有些故事对我挺有启发。当然，其中也有一些值得商榷的故事。现在一定有很多同学像我当时一样，对自然科学充满了那种最初的纯粹的热爱，应该会喜欢这本书的。

X君

2017年5月15日

第二组信

（一）

烟君，2014年毕业于南京师范大学附属中学。

周老师：

我好像很久都没有给您写信了，希望您一切都好，读喜欢的书，教美好的作品，和可爱的学生相处。

我的大学时光就要结束了，想来很适合做个回顾。这些年我一直以物理为主业艰难求学，比较幸运的是身边还有朋友一起谈论美和艺术，谈论文学，偶尔我们还会说起理想。今天我整理书柜，看了看四年来看过的书，回想起了很多高中时的旧事。

这些年我时常会想起第一次去树人文学社的情景。我们讨论里尔克的《严重的时刻》到底应该叫“沉重的时刻”还是“严重的时刻”；我们说到叶甫盖尼·奥涅金；我们谈论过如果道理显而易见为什么还要读小说……这些就像种子一样，默不作声地发芽，默不作声地生长，突然有一天就变成了纳博科夫的蝴蝶，在一个安静的午后飞到我的眼前。

2015 年，我选修了“诗词格律”，从幼儿开蒙的对对子学起，到了期末我可以磕磕绊绊地填一首小令或者一首七律。了解了格律的繁复，再看古人的诗作，感受的确非常不同。

同年我去了敦煌看莫高窟和阳关，总有一种隐约触摸到了汉唐一角的错觉。当时《刺客聂隐娘》正上映，我找出《唐代传奇选》又看了一遍，回想起高二时动不动就写在阅读笔记里的“声律高远，格局开阔”之类的文字，才发现自己当初的浅薄。2017 年 11 月，教我格律的老师过世，那个时候，除了“先生之风，山高水长”外，我竟然一句话也写不出。那个下午我哭了很久，想说“不信芳春厌老人”，说不出口。

2016年，我选了一门英文专业的文学评论课程，所以那一年我读了柯勒律治的《忽必烈汗》，读了济慈、雪莱和狄更斯，认真读完了雪莱的《弗兰肯斯坦》，还读了萧伯纳的《武器与人》、艾略特的《揭开面纱》、哈代的《在西部的巡回裁判》以及乔伊斯的《一小片阴云》等。那位老师很怕我们去找中文译本，选读的部分总是艰涩难懂，上课时我觉得非常痛苦。19世纪的英文和现在的有些不一样，加上我自己缺乏背景知识和专业的文学评论写作技能，我现在回想起来还是瑟瑟发抖。

2016年是我非常艰难的一年，那一年有量子力学、工程力学、核辐射探测学和概率论等课程，每一门都艰深晦涩，每周我最幸福的事情居然是抱着词典看书写评论。我记得老师给我批改评论《弗兰肯斯坦》的作业时非常认真地告诉我：“你不要叫它monster（怪物），它应该是creature（创造物）。”那时候我觉得也许有什么东西不一样了。阅读不会总是愉快的，那个学期我清晰地感知到了认真阅读严肃文学后巨大的痛苦，我不能再走马观花，以“我读过了”来欺骗自己。我太久没有高三时第二遍读完《百年孤独》以后那种缓不过来的感觉了。在大学的头两年我越来越干涸，越来越说不出话，觉得自己的文字里充满了偏激，不知道要表达的是对这个荒诞的环境的不满还是对自我的不满。

2017年，我回到了诗歌阅读。非常懒惰，我买了阿赫玛托娃的全集，至今只看了第一卷；我看了曼德尔施塔姆的《我的世纪，我的野兽：曼德尔施塔姆诗选》，记住了“怀着衰竭的爱，带来了罗马和雪”；在下雨的黄昏读博尔赫斯；在准备面试的间隙看了保罗·策兰，对自己简历上的自我吹捧感到恶心。我看过《叫魂：1768年中国妖术大恐慌》和《世界小史》；重新看了《傻瓜吉姆佩尔》和《巨流河》；尝试打开《日瓦戈医生》但失败了；看了话剧《晚安，妈妈》……因为忙乱和感情问题，这一年我看的书很少，不过幸运的是我终于真正开始热爱物理学。

2017年的最后一天我写下了下面这些话：

我是学物理的，并且我一生都将因此自豪。

宇宙与人，漫长的时间，浩大的空间，猜想验证，从寻找自我的证据，到寻找时间的证据、空间的证据……世上还有比这个更浪漫的事情吗？人在星空下——这是我对“浪漫”这个词语最直观的理解。

我在高中时学会了，一个人只有摆脱顾影自怜，才有可能构建真正的自我。从某种意义上说，人类的存在对宇宙而言微不足道，物理学大概是人类摆脱顾影自怜，构建真正的认知的方式之一。一步又一步，我们踏着前人的足迹往前走，接受了这个星球上最聪明的学者们留下的馈赠，何等荣幸！

我还写下了对2018年的期望：

一、2018年，我希望是我的“俄罗斯文学之年”，我想要认认真真地重读陀思妥耶夫斯基、托尔斯泰、普希金、阿赫玛托娃、曼德尔施塔姆、茨维塔耶娃、帕斯捷尔纳克以及帕乌斯托夫斯基，永远不要对人类的苦难无动于衷。

二、维持看院线电影的频率，保持一年三十部的院线电影阅片量。至于昆曲和话剧，随缘吧。

三、成功找到合适的房子并且过好自己的生活。

四、在朋友的陪伴下度过我的最后一个毕业季。

五、不失去我认为重要的朋友，不丧失与父母高质量的、有意义的交流。

六、不因开始工作而发胖。

七、继续学习琵琶，在轮指的能力上有所进步。

八、不要变得平庸，永远对这个世界有话要说。

高中毕业至今，这个世界没有变得更好，我也没有变得更好。回到附中的时候我觉得学校也没有变，艰难地维持着任性和真实，有些奢侈。前几天填词，最后我想出一句“岁月堂堂去”，用来总结倒是正好。

我知道您总是会认认真真地看完我们这些学生随笔里的每一个字，所以我写了这封邮件。阅读和写作是我幸福的来源之一，在附中的日子里，有那样多的好老师，给了我西方阅读的启蒙，给了我独立思考的训练，给了我建立自己的桃花源的希望，承蒙教诲，感念至今。

另：我在附件里放了几篇我这些年的阅读笔记，也许和高中时的大不相同了，给您看一看吧。

烟君

2018年1月6日

烟君：

我认认真真地读了你的信和笔记，从年轻而执着的你这里，汲取朝气与力量，谢谢！

不必再给你什么建议了，因为你已经可以走向辽阔的远方了。准确地说，是已经在路上了。

我想把你的信和笔记给现在的学生看看，可以吗？

刚让他们写了一篇关于元旦的作文，借这个时间节点回顾过去，展望未来，你的信正好可以给他们启发。你的两篇关于古诗的笔记，写得细致深入，真诚庄重，也可供他们参考。

也祝新年好！

周春梅

2018年1月7日

（二）

颖君，2014年毕业于南京师范大学附属中学。

周老师：

中秋节快乐！虽然这个祝福可能迟了。

给您发邮件其实就是想随便唠叨唠叨，主要是说两件事情。

一是我这学期选了一门“中国新诗导读”，想跟您分享一下课上的体验。

这周的课上，老师说起顾城的《一代人》。“黑夜给了我黑色的眼睛，我却用它寻找光明”，除了解读为“向着明亮那方”之外，老师还提出了疑问。这种质疑来源于“黑夜给了我黑色的眼睛”。寻找光明的“黑色的眼睛”是“黑夜”赋予的，“黑色的眼睛”的来源是“黑夜”，“眼睛”在一定程度上也受制于“黑夜”，按照这里的逻辑，“经历黑夜”才是“光明”的内在原因。和黑夜相对立的光明的来源是黑夜，那么光明是否会带有一些黑夜的特质呢？这种解读令我印象深刻。我想起顾城在散文中提起过，他曾经一度认为，在日复一日的劳动改造中，就能真正实现光明，于是他非常努力地按照这样的标准“改造自己”。照此看来，这种想法确实包含着一种诗人自己都没有察觉到的意味，即只有经历过“劳动改造”，才能实现“光明”的偏见。于是有这样的后续解读：经历“黑夜”不是走向光明的原因，对“黑夜”的反思才是，对自我的质疑和批判才是寻找光明的关键。

每个学期我都坚持选人文课，然而每次都被教务系统踢出去。这学期我终于选上了一门人文课，却发现上课时很多学生都在玩手机、用电脑。平心而论，这门课的上课老师声音确实太小了，而且语调平淡，如果不是想好好听听老师的解读，估计我会睡着。

二是关于您的《一间辽阔的教室》。我、张同学和陈同学都入手了一本。翻开书，我觉得异常亲切，读着一个个熟悉的故事，仿佛自己还在高中的语文课堂上。在微信朋友圈里，我发现有很多同学都在读这本书。大家喜欢把有关我们的内容拍照分享，比如“人生的常态是，人得不到所追求的”，“三个多月后，她终于抄完全书”，等等。书中还有一些我们以为是，但实际上不是我们的故事。比如《高考后的阅读》一文里，那位在上海某高校学经济学的同学，大家都觉得是李同学，李同学却说文中提到的书他一本都没读过，说也许是文章经过了艺术加工。我们不停地在书里寻找，寻找“今生今世的证据”。其实，是或者不是，都不是那么重要。大家还是跟记忆里一样，一起起起哄，一起吹吹牛，一起看看书。高中时我也曾经质疑过您那种不计利害只是引导学生老老实实一本一本读书的教学方式，有时候也觉得自己需要看的书太多。上了大学后，我才觉得，幸好曾经有那么一段好好读书的时光。支撑着我们走下去的，也许就是那一本一本或许已忘了内容的书。

祝您一切都好。

颖君

2016年9月16日

颖君：

谢谢你的问候。

你的老师关于《一代人》的解读我很认同，也让我对这首诗有了新的认识，谢谢。我记得曾跟你们说过：苦难不是财富，对苦难的承受和思考才是。这句话与你的老师的解读思路有些接近。不过这些都是“知易行难”。承受、质疑、反思之后，就能通往“光明”？就像摒弃世俗的价值观后，要以什么来填充人生，避免虚无？陀思妥耶夫斯基、托尔斯泰、鲁迅这些大家，都在黑夜中寻找光明，上下求索。未必能觅得光，但求索本身自有意义。

关于我的书，原来不曾觉得自己所做所写有多少价值，拖了很久，如果不是友人催促，还不知道什么时候有动力把书稿整理出来。没想到的是，出书后，我陆续收到很多以前的学生、家长的反馈，感谢我为大家提供了一个可供回忆回味的“教室”，这算是意外的收获，也是我最珍惜的收获。有你们给我温暖、智慧和鼓励，才有了这本书。书里的你们，才是这本书的价值所在。有机会替我谢谢大家。有些故事是我们班的，有些不是，比如那位读经济学的学生，是你们之前的学生。就让大家认为是经过艺术加工的李同学好了，或者是未来的李同学好了，也许他接下来就会读那些书。正如你所说："其实，是或者不是，都不是那么重要。大家还是跟记忆里一样，一起起起哄，一起吹吹牛，一起看看书。"有这样一个机会重拾少年时代的快乐，足矣。另外，这也正可说明，一代一代的少年，似乎有许多不同，但向真向善向美之心是一样的，希望通过阅读经典成长为一个精神高贵的人也是一样的。正如你们喜欢的作家筱敏所说："一代人和一代人也看着区别很大，简直处处都起冲突，但拉长几十年再看，其实也就是流风的一点不同，越往深处，同的东西越多。毕竟人的精神和情感是千万年积淀下的，不说是沉积岩，也是珊瑚礁，变幻的不过是水草和水面的泡沫而已。"归根结底，正是你在信的结尾处所强调的："支撑着我们走下去的，也许就是那一本一本或许已忘了内容的书。"内容忘了，内核却在。

有机会替我问候大家。虽然我不太会聊天，但你们都在我的心里。祝一切都好！也问候你的妈妈，你毕业后，我曾收到她的祝福短信，谢谢！

周春梅

2016年9月17日

周老师：

今天我看专业论文的时候发现了一种有趣的说法——

"state-of-the-art technique"（目前最先进的技术）。我上网查了一下，"state-of-the-art" 是科技文章中的一种约定俗成的说法，通常用来表示"目前最好的、最先进"的意思。我觉得这和萨顿关于科学、艺术和宗教三者之间关系的那个比喻不谋而合：三者如三棱锥塔的三个侧面，当人们站在它的不同侧面的底部时，他们相距甚远，越到高处，他们的距离越近。我感觉做学问到了一定的境界，也是如此。举几个有趣的小例子，都是最近我身边发生的事情。

先说第一个例子。暑假我参加了一个关于可视化研究的暑期活动。一个在可视化领域耕耘了很久的老爷爷讲起他为什么从事这个领域的研究，说一开始做这方面的工作是因为有个公司需要他帮忙，并且承诺给他一大笔钱。但是后来他觉得这个领域真是太棒太高雅了，于是他一做就是一辈子。虽然我觉得他能坚持这么久和这项研究本身的实用价值很大有一定的关系，但我还是愿意相信老爷爷就是这么一个非常可爱的人。虽然老爷爷在学校里任教，但是他的家不在市区，他和袋鼠一起住在沙漠里呢。

第二个例子来自我们实验室。图像处理是我们实验室的一个研究方向。刚开学的时候老师去荷兰开会，他参观了画家埃舍尔的博物馆，（不知何故）深受启发，说从艺术作品对光影的处理方法中找到了新的研究方向。

第三个例子来自我室友的实验室。他们实验室是研究自然语言处理的，简单来说，就是研究怎么把一句话中间的名词、动词、形容词等不同词性的词区分开来，并且提取关键词。这在英文里是容易做到的，在中文里还有很大的研究空间。有一天，我室友跟我说，他们实验室的一个同学毕业以后转去了中文系念博士。当然，在这个例子里那位同学本来的研究方向和语言学的契合度还是很高的。

我觉得以上三个例子均可以用来说明科学和人文艺术是相通的。

颖君

2016年10月6日

颖君：

读了你的信，很受启发。

我会给现在的学生看看你的例证。

谢谢分享，祝一切顺利。

周春梅

2016年10月6日

（三）

迪君，2014年毕业于南京师范大学附属中学。

周老师：

真的好想您！

我还记得三年前，您在第一节课上讲到“我的三年”，那时朦朦胧胧地只觉得三年很长很长。然而现在三年竟然就这么结束了，真让人讶异，又让人有些难过。三年之中，我最喜欢的就是语文课，您的课有种说不出的魅力，让我感到陶醉、惊讶、震撼。它仿佛是一条河流，时而平缓，时而湍急，在不同的、变化的而又莫名的美中把一个人的心紧紧笼住，轻轻地摇，直摇出泪来，让人看见蓝的天、绿的树，看见每一片花瓣，看见虫儿的细须，看见阳光，看见生活。正像徐志摩说的那样，“点染了他的空灵，使他惊醒”，我们要用一颗敏锐而细致的心去欣赏这个世界。

呵，徐志摩，又是徐志摩，您该笑了吧？是啊，然而我着实喜欢他的热情、他的简单。倘若一个人（尤其是男孩子）对着一片叶子、一片花瓣默默地流泪，人们大概是会笑的。您把我领进了一片世界，一片没有虚假、不必掩饰的世界，在这里我可以尽情地去哭、去笑。书中的生命，引得我的情感不住地迸发，它像是一个有巨大的光和热的球，不断烧灼，不断膨胀，不断地嘶吼着“爆裂啊！爆裂啊！”。或是像一片幽深的无际的海，直把我的心往最深最深的海底压去。我想变作一粒沙，一粒晶莹却见不到光亮的忧郁的沙，在无形的波浪中游荡，游荡……

啊，这多美！我爱这种沉浸的、忘我的感觉。我爱着某一本书，为它着迷，为它沉醉。在我伤心难过的时候，我能想到某本书中的某个人，想到他的话、他的故事，再孤独我便都能忍受下去，这是多么无奈而又幸福的事！

或许是环境的原因，我时常忧郁，为了一些事而惊惶痛苦，一个人不知道怎么办才好，又没有人可倾诉，只觉得无助，甚至是撕心的痛楚。老师可能不知道，在这些时候，我总想到，唯一能想到的人就是您。有时被无形的压力包围着，半夜我咬着被子悄悄地哭，甚至绝望，可一想到您，却又觉得希望总是有的——“至少周老师还是关心我的，至少周老师还是对我微笑的……”我一遍遍地告诉自己，鼓励自己。终于渐渐地好起来，现在大概是真正地好起来了。

您就像“夜空中最亮的那颗星”，指引我向着明亮那方，不断前进。您的微笑总能让我找到前行的动力，让我去守住那些自己真心爱着的、不愿放弃的东西。

想起高一的一个早晨，您悄悄地走到我身边：“你头上有一个毛毛，我帮你摘掉好吗？”……现在想起来是那样亲切、那样温暖。我一定会努力像您希望的那样，像一棵树一样笔直地生长……

在北京，我看见了好多美景，遇见了好多很有意思的人和事，我感觉仿佛有一个更大更欢快的世界在我的眼前展开了。它那么美，那么惹人喜爱！我快醉在这里了。然而即使四周是这样新奇，我却仍感觉到您仿佛也在这儿，那样亲切而熟悉。我在学校里听讲座，不时便能听到熟悉的话语或是相同的思想——“这个周老师上课时也讲过！”“这个王栋生老师的文章里也提过！”那么兴奋，那么感动，这又触发了我新的感悟。

真的好想您，祝愿您一切都好，健康、幸福！附件中的几张日落时的照片，希望您喜欢。

迪君

2014年9月11日

迪君：

我昨天上午就读到你的信了，非常感动。在学校里课务和杂事很多，所以我想找一个能静心的时间给你回信。

我一直很喜欢你的性格，敦厚、细腻，是难得的品质。

但我又有些替你担心，因为我深知一个敏感的人生活的不易。情感和道德上的敏感，都会使生活变得异常艰难。我记得叔本华曾建议将这种敏感转移或集中到艺术（审美）领域。这当然可以是一个方向。醉心于美，自然能看淡人事纷扰，不会对此过于敏感。但生活不只是人事纷扰，一个对美敏感的人，必然也对爱、对善敏感，而在这些领域，我们常会感受到深刻的痛楚和困惑。人如何能将这些截然分开，将自己割裂呢？

面对你如此重的信任与爱，我很惭愧。你说的摘掉毛毛的细节，我完全不记得了。在我自己失眠痛苦的那些夜晚，我也不知道你将我当作了一盏灯。我其实很黯淡，也常常“不好”。你的信任与爱也给了我力量——原来我对他人的生命有这样的意义，所以我也要尽力好起来，尽自己所能，守护你们，倾听你们，回应你们。

照片很美，与校园、建筑相比，我更喜欢天空、壮丽的晚霞。自然是永恒的。痛苦时，多看看天空、河流和旷野。

还记得惠特曼的诗句“有一个孩子天天向前走去”吗？不管是不是孩子，我们都要天天往前走。也许很慢，有时候还会后退，但总要往前走。其实我们也可以永远是孩子，只要有“透明的心灵和会流泪的眼睛”。共勉之。

“终于渐渐地好起来，现在大概是真正地好起来了。”——为你高兴。祝你一直真正地“好”。

周春梅

2014年9月12日